MARCO POLO

UNGARN

Reisen mit Insider Tipps

> Wer Ungarn bereist, erlebt eine wunderbar vielfältige Natur, di[e] Wiederbelebung eines enorm kulturellen Erbes und Mensc die sich Zeit nehmen für Gas freundschaft und gute Nachb schaft.

MARCO POLO Autorin
Rita Stiens

(siehe S. 139)

Spezielle News, Lesermeinungen und Angebote zu Ungarn:
www.marcopolo.de/ungarn

UNGARN

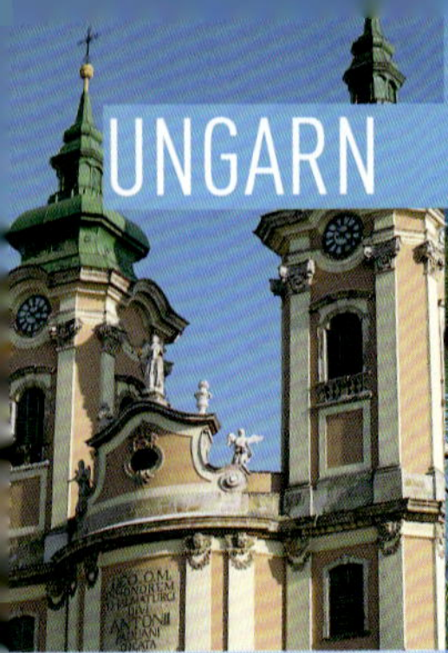

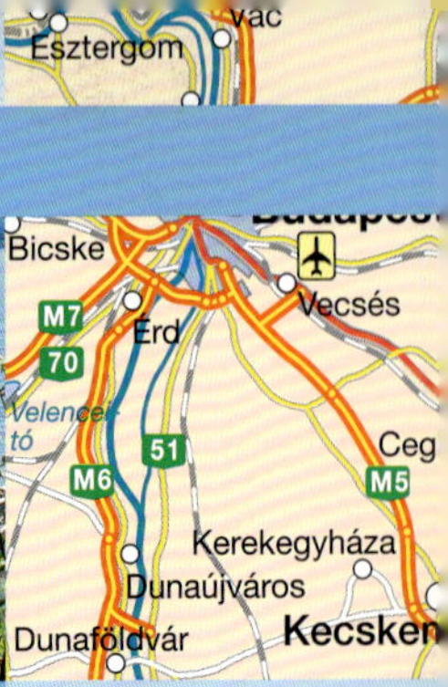

> SYMBOLE

Insider Tipp **MARCO POLO INSIDER-TIPPS**
Von unserer Autorin für Sie entdeckt

★ **MARCO POLO HIGHLIGHTS**
Alles, was Sie in Ungarn kennen sollten

SCHÖNE AUSSICHT

WLAN-HOTSPOT

▶▶ **HIER TRIFFT SICH DIE SZENE**

> PREISKATEGORIEN

HOTELS

€€€ über 80 Euro
€€ 65–80 Euro
€ unter 65 Euro

Die Preise gelten für zwei Personen im Doppelzimmer inklusive Frühstück in der Sommersaison

RESTAURANTS

€€€ über 12 Euro
€€ 10–12 Euro
€ unter 10 Euro

Die Preise gelten für eine Suppe und ein Hauptgericht, Getränke nicht inbegriffen

> KARTEN

[122 A1] Seitenzahlen und Koordinaten für den Reiseatlas Ungarn

[U A1] Koordinaten für die Budapest-Karte im hinteren Umschlag

[0] außerhalb des Kartenausschnitts

Zu Ihrer Orientierung sind auch die Orte mit Koordinaten versehen, die nicht im Reiseatlas eingetragen sind

INHALT

> SZENE

S. 12–15: Trends, Entdeckungen, Hotspots! Was wann wo in Ungarn los ist, verrät der MARCO POLO Szeneautor vor Ort

> 24 STUNDEN

S. 100/101: Action pur und einmalige Erlebnisse in 24 Stunden! MARCO POLO hat für Sie einen außergewöhnlichen Tag in Budapest zusammengestellt

> LOW BUDGET

Viel erleben für wenig Geld! Wo Sie zu kleinen Preisen etwas Besonderes genießen und tolle Schnäppchen machen können:

Markenkleidung zu Outlet-Preisen S. 39 | Per Bahn und Schiff den Balaton erkunden S. 59 | Gulaschsuppe in Visegrád S. 66 | Ein Zimmer in der Bugac-Puszta S. 79 | Pause mit Pfannkuchen: Palatschinken in Eger S. 95

> GUT ZU WISSEN

Was war wann? S. 10 | Zahlen und Fakten S. 20 | Spezialitäten S. 26 | Blogs & Podcasts S. 42 | Bücher & Filme S. 91

AUF DEM TITEL
Die Puszta lebt: Hortobágy-Nationalpark S. 78
Architektur wie im Orient: Die Kuppeln von Kecskemét S. 79

ENTDECKEN SIE UNGARN!

Unsere Top 15 führen Sie an die traumhaftesten Orte und zu den spannendsten Sehenswürdigkeiten

Die Highlights sind in der Karte auf dem hinteren Umschlag eingetragen

1 Pannonhalma
Die Benediktinerabtei mit ihrer weltberühmten Bibliothek ist ein herausragendes Gesamtkunstwerk (Seite 34)

2 St.-Maria-Kirche/ Moschee Kassim Ghasi
Das größte türkische Bauwerk in Ungarn, heute die Kirche St. Maria, ist ein Symbol der Stadt Pécs (Seite 43)

3 Fő tér von Sopron
Ein Gesamtkunstwerk, das 700 Jahre Geschichte erzählt (Seite 47)

4 Schloss Fertőd
Miklós Fürst Esterházy baute sich ab 1720 ein Lustschloss, dessen Pracht auch heute noch blendet (Seite 48)

5 Tihany
Die Halbinsel im Balaton ist ein landschaftliches und kulturelles Kleinod. Ihr Wahrzeichen ist die barocke Benediktinerabtei (Seite 59)

6 Fischerbastei
Ausgangspunkt zur Erkundung des Burgbergs, atemberaubende Blicke auf die Donau-Skyline Budapests (Seite 62)

7 Schloss Gödöllő
Das Lieblingsschloss von Kaiserin Sisi erstrahlt in altem Glanz (Seite 65)

8 Basilika Mariä Himmelfahrt
Die größte ungarische Kirche in Esztergom beherbergt wertvolle Kunstschätze (Seite 65)

> DIE BESTEN MARCO POLO HIGHLIGHTS

9 Fő tér von Szentendre
Ein stimmungsvolles architektonisches Ensemble aus dem 18. Jh. mit Kirchen und Bürgerhäusern (Seite 67)

10 König-Matthias-Palast
Wie luxuriös der Renaissancekönig residierte, zeigen die Überreste der Palastanlage in Visegrád (Seite 70)

11 Hortobágy-Nationalpark
Wo der Himmel die Erde berührt: Blickfang in der faszinierenden Graslandschaft sind die Ziehbrunnen (Seite 78)

12 Jugendstil-Rathaus
Die charmante Puszta-Stadt Kecskemét war einmal sehr wohlhabend – davon zeugen die herrlichen Jugendstilbauten, allen voran das Rathaus (Seite 80)

13 Bischofspalais
Der schönste Teil der Burganlage in dem zwischen Weinbergen gelegenen Barockstädtchen Eger (Seite 87)

14 Szalajka-Tal und Lipizzaner
Auf einer Hochebene des romantischen Tals im Bükk-Gebirge grasen die Pferde des Gestüts Szilvásvárad (Seite 91)

15 Baradla-Höhle
Das Höhlensystem im Nationalpark Aggtelek ist ein Naturschauspiel mit Tropfsteinwundern und großartigen Felskreationen. Die insgesamt 25 km lange Baradla-Höhle, eine der schönsten Tropfsteinhöhlen Europas, hat wunderbare große Säle und Seitenarme (Seite 95)

Puszta bei Hortobágy

> Atemberaubende Ausblicke, paradiesische Verwöhnung im Thermalhotel: In Ungarn vereinen sich vielerorts wunderbare Landschaften, Genuss und ein reiches kulturelles Erbe zu einer besonderen Symbiose. Eine über 1000-jährige Geschichte begründet die multikulturelle Gegenwart und prägt den architektonischen Glanz der Städte. Wein und Wellness – in Gestalt der zahlreichen aufgeblühten Weingüter und neuen Badelandschaften – verwandeln immer mehr Orte und Landstriche in Wohlfühloasen. Ungarn lädt seine Gäste ein, es zu entdecken und zu genießen.

> In Kalocsa sitzen Frauen im Schatten der Bäume und sticken die typischen Blumenmotive. In Budapest schießen Luxuswohnblocks und Shopping-Entertainment-Center wie Pilze aus dem Boden. In der Puszta trainieren die Csikós ihre halsbrecherischen Reitkünste. Auf den Landstraßen zuckeln Pferdewagen und Trabis, unablässig überholt von PS-starken Neuwagen. Tradition und Moderne, Armut und Reichtum, Stagnation und Fortschritt: Ungarn ist ein Land, in dem vieles nebeneinander besteht und miteinander auskommt.

Was ist Ungarn für das Gros der Besucher? Vor allem für Nostalgiefans eröffnet sich eine Fülle romantischer Assoziationen von Musik und Tanz bis Kesselgulasch und Puszta. Prägend für das Ungarnbild der Zeit nach dem Zweiten Weltkrieg war die Ausnahmerolle des Landes im ehemaligen Ostblock. Mit Ungarn verband sich die Vorstellung des westlichsten Landes im Osten, einer Insel, die sich von niemandem ganz vereinnahmen ließ. Das Bild von der Insel ist auch heute noch in vielerlei Hinsicht angemessen. Einer Insel gleich liegt das Land, von den Karpaten umschlossen, in der Mitte Europas, am Schnittpunkt zwischen Ost und West. In kaum einem anderen Land mischen sich östliche und mitteleuropäische Völker wie in Ungarn. Aus den eurasischen Steppen haben sich die Reiternomaden auf den Weg gemacht, die Ungarn be-

> Landschaftlich teilt sich Ungarn entlang der Flüsse

gründeten. Zu ihnen gesellten sich weitere Nomadenvölker wie Kumanen und Jazygen, aber auch Italiener, Franzosen, Wallonen, Deutsche, Slowaken und viele andere. Am deutlichsten zeigt sich der Inselcharakter, das Anderssein an der Sprache. Sie hat nichts mit benachbarten Sprachfamilien gemeinsam. Das Idiom der

Romantischer Mythos für Nostalgiefans, das Glück der Erde für Pferdefreunde: Ungarn

Ungarn ist der markanteste Ausdruck ihrer fernen ethnischen Herkunft.

Landschaftlich teilt sich Ungarn entlang der Flüsse: Westlich der Donau liegt das hügelreiche Transdanubien mit 400 bis 700 m hohen Bergrücken, von den Keszthelyer Bergen am nordwestlichen Plattensee über die weinbestandenen Balaton-Vulkane bis zu den Höhenzügen Bakony und Vértes nördlich des Sees sowie den Pilis- und Visegráder Höhen am Donauknie. Der Balaton, auf Deutsch Plattensee, ist ein Teil Transdanubiens, aber als Hochburg des Tourismus kommt ihm eine Sonderstellung zu – erst recht im Bewusstsein der Ungarn, denn für sie ist er das „Ungarische Meer", ihr Hort der Glückseligkeit. Dort, wo die Donau von Westen kommend nach Süden abbiegt, liegt das Donauknie, kein eigener Landstrich, aber eine Kulturlandschaft von eigenständigem Charakter. Mit seinen 800 bis über 1000 m aufragenden Mittelgebirgen ist Nordungarn die höchste Region des Landes. Daran schließt sich der wohl bekannteste Teil Ungarns an – die Große Tiefebene östlich der Donau, die weite, flache Puszta. Der kulturell reichste und auch wirtschaftlich prosperierendste Landesteil ist Transdanubien.

Die Vergangenheit ist für die Mentalität der Ungarn von enormer Bedeutung. Der Name Árpád ist jedem Schulkind gewärtig, denn mit der Landnahme des Fürsten 896 beginnt die ungarische Geschichte. Neben Árpád spielen vor allem der erste König Stephan und die großen Zeiten unter dem Renaissancekönig Matthias (1458–90) eine wichtige Rolle für die Bewusstseinslage der Ungarn.

> Land der Magyaren und Vielvölkerstaat

Wie sieht sich Ungarn heute? Als Vielvölkerstaat. Aber das Miteinander ist keineswegs spannungsfrei. Deutlicher als die deutsche Landesbezeichnung „Ungarn" ist die ungarische, *Magyarország*, was so viel heißt wie „das Land der Magyaren". Die Magyaren stellen etwa 90 Prozent der Bevölkerung. Welche Bedeutung dieser Tatsache zukommt, erleben Besucher nicht selten, wenn die Musiker in den Touristenhochburgen ihre mitreißenden Weisen zum Besten geben. Toll, diese Zigeunermusik, kommentiert der Gast begeistert. Und erntet nicht selten den Hinweis: „Das ist keine Zigeunermusik, das ist ungarische Musik."

WAS WAR WANN?

Geschichtstabelle

896 Die von Árpád geführten Magyarenstämme erobern das Karpatenbecken

1000 Stephan, der Sohn von Großfürst Géza (972–997), wird im Jahr 1000 zum ersten ungarischen König gekrönt

1458 Der Renaissancekönig Matthias regiert bis 1490 und macht seine Königssitze Visegrád und Buda zu Hochburgen des Humanismus

1526 Ungarn wird bei Mohács vernichtend von den Türken geschlagen und geht in Erbfolge an die Habsburger über

1526–1697 Der größte Teil des Landes wird von den Türken beherrscht. 1697 Vertreibung der Türken unter Führung der Habsburger mit dem Prinzen Eugen von Savoyen

1703 Freiheitskampf gegen die Habsburger, Fürst Ferenc II. Rákóczi geht nach der Niederlage 1711 ins Exil

1849 Die Bürgerliche Revolution von 1848 unter Lajos Kossuth scheitert

1867–1918 Die 1867 mit Kaiser Franz Joseph I. und Elisabeth (Sisi) etablierte k. u. k. Doppelmonarchie zerfällt 1919

1920–1945 Ungarn verliert 1920 mit dem Frieden von Trianon 70 Prozent seines Territoriums

1949–1989 Ungarn ist eine sozialistische Volksrepublik. Der Aufstand von 1956 gegen das Regime wird niedergeschlagen

24. Okt. 1989 Ausrufung der Republik

2004 Ungarn wird EU-Mitglied

2007 Ungarn tritt dem Schengen-Abkommen bei

Wie schon der große Komponist Franz Liszt halten auch die meisten Ungarnbesucher Zigeunermusik für die ungarische Musik schlechthin. Ein Irrtum, den Magyaren nur schwer verzeihen! Die Ressentiments gegenüber der Musik der Zigeuner, politisch korrekt: der Roma und Sinti, sind nur ein Hinweis auf das problematische Verhältnis zu dieser größten ethnischen Minderheit des Landes. Die Zahl der Roma und Sinti wird auf 600 000 geschätzt, liegt aber wohl deutlich darüber. Die übrigen Minderheiten sind um die 60 000 Deutsche, etwa ebenso viele Slowaken und etwa 80 000 Kroaten.

Mit der 1989 erreichten Selbstbestimmung und dem Beitritt zur EU ist die Rückkehr Ungarns nach Europa vollzogen. Doch der rasante Prozess der Modernisierung hat seine Schattenseiten. Einige Ungarn sind sehr vermögend, aber fast 40 Prozent der Menschen sind arm, d. h. das Haushaltseinkommen liegt bei unter 60 Prozent des Durchschnittsnettolohns von etwa 400 Euro – und das bei Preisen im Supermarkt und für Benzin, die denen in westlichen Ländern gleichen. Fragen der wirtschaftlichen Entwicklung und der nationalen Identität spalten das Land in zwei Lager – versehen mit den Etiketten rechts und links –, die sich scheinbar unversöhnlich gegenüberstehen. Dass die moderne Entwicklung nicht zwischen den Fronten zerrieben wird, liegt am Temperament der Magyaren: Ihre große Emotionalität ist nämlich gepaart mit viel Humor, pragmatischer Vernunft und einer gehörigen Portion Gelassenheit.

AUFTAKT

Wer Ungarn bereist, erlebt vor allem eine wunderbar vielfältige Natur und die Wiederbelebung eines enormen Kulturerbes. Beim Naturreichtum reicht das Spektrum von der Steppenfauna und -flora der Puszta über die noch ursprünglichen Wälder des Bakony, die Weinregionen und die Tropfsteinhöhlen im Karstgebirge der Stadt Szombathely lebendig. Eine Augenweide sind die restaurierten mittelalterlichen Städte wie das kleine Kőszeg oder Sopron. Barocke Stadtpracht zeigt sich in Eger, Győr, Vác, Kalocsa und Szentendre in blendender Schönheit. Debrecen und Szeged stehen ganz im Zeichen des Klassizismus und Historismus.

Sommerliches Urlaubsvergnügen: Shopping auf der Balaton-Halbinsel Tihany

des Nordens bis zu den Alpenausläufern im Westen. Die Entdeckung des kulturellen Erbes gleicht einer faszi-

> *Zeit für gute Nachbarschaft und Gastlichkeit*

nierenden Zeitreise: Die Römerzeit wird in Ausgrabungen wie Tác-Gorsium oder im Ruinengarten mitten in

Das Beste an Ungarn? Es ist ein Land, das selbst große Herausforderungen mit bewundernswerter Überlebenskunst meistert. Dazu gehört auch, dass sich die Menschen trotz aller existenziellen Probleme Zeit nehmen, um gute Nachbarschaft und Gastlichkeit zu praktizieren. Diese Erfahrung gehört zu den schönsten, die Ungarnbesucher mitnehmen können.

TREND GUIDE UNGARN

Die heißesten Entdeckungen und Hotspots! Unser Szene-Scout zeigt Ihnen, was angesagt ist

Enikö Roszjár

Die Halbungarin ist mehrmals im Jahr in Ózd. Dort besucht sie ihre Familie, genießt das ungarische Essen und den selbst angebauten Wein. Doch wenn das Wochenende naht, zieht es die Produktdesignerin in das zwei Stunden entfernte Budapest. Am meisten gefällt ihr, dass die Stadt nie stillsteht und noch immer im Aufbruch ist. Vor allem die Kunstszene und das schrille Nachtleben haben es ihr angetan.

BLACK & BEAUTY

Mode made in Ungarn

Schwarz ist die Farbe der Stunde! Die Designer kreieren die aufregendsten Outfits in der Farbe der Nacht und setzen sie mit sexy Materialien wie Lack, Leder und Satin in Szene. Für den großen Auftritt: Der Designer Bori Toth *(www.tothbori.com)* erobert mit seinen eleganten Black-Outfits den internationalen Markt. Die Abendroben sind bodenlang, figurbetont und mit raffinierten Ausschnitten versehen. Ebenso spannend, aber mit einem Schuss Extravaganz, präsentieren sich die Outfits des vietnamesischen Wahlbudapesters Anh Tuan *(www.anh-tuan.com,* Foto*)*. Highlight seiner Kollektion ist eine Jacke aus tiefschwarzem Lack, deren Ärmel an Fischschuppen erinnern. Leder und Lack bestimmen jedoch nicht nur das Bild seiner Kleider. Anh Tuan zieht das Thema konsequent durch: Accessoires wie Taschen, Schuhe, Handschuhe werden ebenfalls aus den dunklen Materialien gefertigt. Außergewöhnliche Shoppingerlebnisse bieten der Store *Retrock (Ferenczy István utca 28, Budapest, www.retrock.com)* und die Boutique *Manier (Váci utca 68, Budapest, www.manier.hu)*.

SZENE

EVENTBADEN

Wellness by Night

Der neueste Schrei am Spahimmel: Wellness bei Mondschein, Sternenfunkeln und Diskolicht. Die Thermalbäder entstauben ihr Image und öffnen ihre Pforten für Nachtschwärmer. Eventbaden heißt das Motto im Thermalbad *Rudas (Döbrentei tér 9, Budapest)*. Einmal im Monat sorgen dort bei der Cinetrip-Party *Sparty* angesagte DJs für Stimmung, Bartender mixen Cocktails, und Performances bringen die Gäste zum Feiern. Kultverdächtig *(www.cinetrip.hu,* Foto*)*! Ebenfalls nachtaktiv ist das Thermalbad *Halastermál* in Kiskunhalas. Wobei die Betonung auf aktiv liegt! Am Wochenende heißt es Rutschen, Sprudeln und Wellness genießen bis kurz vor Mitternacht *(Nagy Szeder István utca 1, www.halasthermal.hu)*.

FESTIVALFIEBER!

Außergewöhnlich & cool

300 Festivals ungarnweit! Diese Zahl spricht für sich. Und die stetig wachsenden Besucherzahlen untermauern den Trend. Festivals sind in! Je lauter, bunter, verrückter, umso besser. Beim *Nomanslandfestival Egerszalók* heißt es zum Beispiel „Goa meets Zirkus-Art". Gute Musik hören und nebenbei von echten Profis des Fachs die Kunst des Feuerjonglierens erlernen, und das auch noch in einem Freibad *(Forrás utca 4, www.nomanslandfestival.com)*! Das *Internationale Maultrommlerfestival* in Kecskemét versetzt nicht nur Didgeridoo- und Maultrommelfans jedes Jahr in Aufregung. Exotisch alternatives Flair *(Kossuth tér 4, www.doromb.com,* Foto*)*! Das *Csangofestival* ist das Folklorefestival in Jászberény *(www.csangofesztival.hu)*. Weitere Festivals gibt's unter *www.fesztival.lap.hu*.

JOY OF JAZZ

Neue Ideen

Durch die ungarische Jazzszene weht ein frischer Wind. Das *Dresch Mihály Quartett*, Lajkó Félix oder das *Muzsikás Ensemble* sind die Stars der Stunde. Sie alle bringen das Publikum in den Jazzclubs zum Schwitzen und haben sich mittlerweile auch auf internationaler Ebene einen Namen gemacht. Jazz rund um die Uhr bietet der *Jazz Garden (Veres Pálné utca 44/a, Budapest, www.jazzgarden.hu)*. Sax und Co. als Frühstücksbegleiter! Für musikalische Jazzexperimente ist die Eventlocation *Millenáris Park*, die auch Haus der Zukunft genannt wird, aufgeschlossen. Auf Konzerten wird das Neueste vom Neuen präsentiert *(Kis Rókus utca 16–20, Budapest, www.millenaris.hu)*! Drei Tage Jazz und nichts als Jazz verspricht *Jazzland*, ein Jazzfestival in Cserfő. Das Line-up ist stets hochkarätig: Randy Brecker, Doug Hammond aus den USA und Borbély Mihály, um nur einige zu nennen *(www.jazzland.hu,* Foto*)*.

ZWECKENTFREMDET

All-in-One-Locations

Ausrangierte Boote mit neuer Funktion! Die schwimmenden Riesen werden zu Nightlifelocations umgebaut und avancieren damit zu Ungarns Ausgeh-Hotspots Nummer eins. Auf dem 1500 m^2 großen Schiff *A 38 (Petőfi Híd Budai Hídfő, Budapest, www.a38.hu,* Foto*)* sind eine Konzerthalle, fünf Bars und ein Restaurant untergebracht. Internationale und nationale Musikgruppen geben hier ihre Konzerte. Klein und retro ist dagegen das Pub-Schiff *Blue River Pub (Petőfi tér 8, Budapest, www.blueriverpub.hu)*. Es ist ganz im Stil der 1960er-Jahre eingerichtet, der Sound variiert zwischen Funk, Britpop, Hip-Hop und Elektro. *Vesztipizza* hat sich, wie der der Name schon sagt, auf Pizzas spezialisiert. Die Location erinnert an ein Mississippischiff aus dem 19. Jh. Die Atmosphäre ist chillig, die Drinks sind hervorragend *(Móricz Zsigmond-rakpart - III. Hajó, Győr, www.vesztirestaurant.hu)*.

TRENDSPORT KITEN

Im Sommer und im Winter

Die Kiter entdecken den Plattensee für sich. Übrigens nicht nur im Sommer. Im Winter, wenn der See zugefroren ist, kommen die Ice-Kiter! Profis und Könner zieht es dann nach Balatonakarattya. Der Surfbeach *Siófok* steht für Action und Party. Ein eigenes Baywatch-Team und Full-Power-Partys sorgen für ungetrübten Kitespaß *(Szent László utca, Siófok/Aranypart, www.surfbeach.hu)*. Anfänger lernen im Sommer Theorie und Praxis zum Beispiel in der *Sharky Wassersport-Schule (Keszthely Damjanich utca 1, Vonyarcvashegy, www.surfschule.in)*. Nach dem Kurs winkt der *VAW*-Kitesurfgrundschein.

LET'S DANCE

Csárdás und Co. kommen

Der Rhythmus gibt den Ton an! Auf den Tanzflächen herrscht dichtes Gedränge. Der Grund: Tango und Csárdás, der ungarische Nationaltanz, sind wieder angesagt. Die Tanzhäuser erfahren ein regelrechtes Revival. Zur Livemusik der *Buda Folk Band* oder des *Berkó Ensemble* wird das Tanzbein geschwungen. Die beliebtesten Dance-Locations sind das *Fonó Budai Zeneház (Sztregova utca 3, Budapest, www.fono.hu)* und das *Marczibányi (Marczibányi tér 5 a, Budapest, www.marczi.hu)*.

STYLISHE SYMBIOSE

Essen & Ambiente als Einheit

Wenn aus Restaurants Gourmettempel werden – dann sind Interieur und Gerichte perfekt aufeinander abgestimmt. Im *Mokka* in Budapest hat der Orient Einzug gehalten. Ethno-Designelemente bestimmen das Bild. Genauso exotisch wie das Ambiente sind die Speisen. Gewürze, die sich Küchenchef Zsolt Serenyi aus den entferntesten Ecken der Welt kommen lässt, sorgen für den kulinarischen Kick *(Sas utca 4, Budapest, www.mokkarestaurant.hu)*. Design ohne viel Chichi gibt's in der *Ba Bar (Huszár utca 7, Budapest, www.babar.hu)*. Genauso klare Linien verfolgt das Essen. Reduktion auf das Wesentliche steht im Vordergrund. Im *Képíró* in Budapest *(Képíró utca 3)* lassen sich Gourmets zum Beispiel Schnecken und Forellen schmecken.

> ZWISCHEN TRADITION UND HIGHTECH

Uralte Bräuche und Individualität haben die Ungarn mit ins 21. Jahrhundert genommen

HOCHZEITS-BRÄUCHE

Bauernhochzeiten sind das meistgespielte Unterhaltungsprogramm für Ungarnurlauber. Dabei führen die Eltern dem werbenden Bräutigam zuerst die weniger attraktiven Töchter vor, um sie unter die Haube zu bringen, bevor sie mit der richtigen herausrücken. Bräuche spielen aber auch bei echten Hochzeiten eine Rolle. So zieht die frisch gebackene Ehefrau um Mitternacht rote Stiefel an. Wer dann mit ihr tanzen möchte, muss zahlen.

Einen Polterabend gibt es in Ungarn nicht. Porzellan wird dennoch zerschlagen, und zwar gegen Ende der Hochzeitsfeier. Das Brautpaar muss, sozusagen als erste gemeinsame Handlung, die Scherben zusammenkehren.

Bild: Schloss Festetics in Keszthely am Balaton

STICH WORTE

KAFFEEHAUS-TRADITION

Budapest hatte um 1910 herum etwa 500 Kaffeehäuser, und nicht wenige wurden als Intellektuellentreffpunkte zum Mythos. Heute erlebt die schöne *kávéház*-Tradition eine Renaissance. Der Klassiker, das Kaffeehaus Gerbeaud, hat Gesellschaft bekommen: In neuem, altem Glanz erstrahlt beispielsweise das Café Centrál, und auch das berühmte New York wurde im Hotel New Palace wiedereröffnet. Im übrigen Land sucht man jedoch meist vergeblich nach einer attraktiven Adresse, erst recht in Kleinstädten und Dörfern. Außerhalb Budapests verbreiteten sich die sogenannten Espressos *(eszpresszó)*. Hier werden, meist in einfachem Ambiente, Kaffee und belegte Brötchen serviert. In der Hauptstadt selbst gibt es neben den traditionellen Kaffeehäusern auch zahlreiche angesagte Szenecafés.

MÄNNER AM KOCHTOPF

Ein Ungar am Herd? Am heimischen gewiss nicht. Aber wenn es um Ruhm, Ehre und Preise geht, packt Ungarns Männer die Kochleidenschaft – ob bei dörflichen Sommerfesten oder beim Gulaschfestival in Budapest, bei dem auch Politiker und Diplomaten am Herd stehen. Das Kochfestival „Auf den Spuren der königlichen Köche" in Nagyszakácsi ist ein dreitägiges Volksfest mit Umzug, Musik und Historienspielen. Die Renaissance gibt den Ton an, denn in Nagyszakácsi fand der Renaissancekönig Matthias seine besten Köche. Die Zubereitung der *halászlé* (Fischsuppe) haben die Herren der Schöpfung ganz für sich reserviert, denn sie ist die Krönung einer Passion ungarischer Männer: des Angelns.

MUSIKLEBEN

Im Land von Franz Liszt, Béla Bartók, Zoltán Kodály und des Operettenkönigs Emmerich Kálmán spielt die Musik eine große Rolle. Die Musikerziehung hat eine lange Tradition und wird intensiv gepflegt. Budapester gehen mit Begeisterung ins Theater, und die Ensembles und Solisten der großen Hauptstadtbühnen genießen internationalen Ruf. Aber auch Städte wie Pécs, Győr, Debrecen und Szeged haben hervorragende Ballett- und Opernensembles. Ungarnbesucher kommen nicht nur im Rahmen des normalen Programms in den Genuss der Kunst: Von Budapest über Sopron und Győr bis Debrecen und Szeged werden renommierte Sommerfestivals veranstaltet.

PUSZTA

Das Wort „Puszta" verbreitete sich in Ungarn Ende des 17., Anfang des 18. Jhs. als Bezeichnung für die nahezu menschenleere, durch die Türkenherrschaft verwüstete Tiefebene. Es bedeutet „öde", „Ödnis". Das Wort wird aber auch in anderem Sinnzusammenhang verwendet: Rund um den Plattensee gibt es eine Reihe von Ortsbezeichnungen mit dem Wortbestandteil *-puszta,* zum Beispiel Szántódpuszta. In diesem Fall sind mit Puszta die Wirtschaftsgebäude eines Gutes gemeint, die in einiger Entfernung zum Dorf lagen.

RELIGION UND KIRCHEN

Selbst kleine Dörfer haben üblicherweise zwei, nicht selten sogar drei Kirchen. Dieser Reichtum ist eine Folge der Geschichte: Nach Beendigung der türkischen Besetzung traten die Lehren Martin Luthers ihren Siegeszug an. Ende des 16. Jhs. spaltete sich die protestantische Bewegung, die vorherrschende Richtung bildeten die Kalvinisten oder Reformierten. Ab Mitte des 17. Jhs. begann eine massive Gegenreformation, und die Mehrheit der Bevölkerung nahm wieder die katholische Religion an. Um die Kirchen unterscheiden zu können, schaut man am besten auf die Turmspitze: Die katholischen und evangelischen tragen ein Kreuz, die reformierten einen Stern.

Einer der renommiertesten modernen Kirchenarchitekten ist Imre Makovecz. Der Anhänger der organischen Architektur arbeitet vorwiegend mit Holz und schafft imposante Räume, die gigantischen Skulpturen ähneln. Er baute Gotteshäuser wie die Heilig-Geist-Kirche von Paks (1988–90) und die evangelische Kirche von Siófok (1990).

SCHLÖSSER

Um die 700 Schlösser und Herrenhäuser stehen in Ungarn unter Denkmalschutz. Viele dieser Adelssitze sind mit den großen Namen der ungarischen Aristokratie verbunden. Wer von Westen kommt, sieht z. B. bei Sopron das Széchenyi-Schloss, im nahen Fertőd das imposante Schloss der Fürsten Esterházy, in Keszthely am Balaton das Schloss der Festetics, nahe Budapest Schloss Martonvásár der Brunswick-Familie und nördlich der Hauptstadt das berühmte „Sisi"-Schloss Gödöllő der Grassalkovich-Familie.

Kaffeehaus-Klassiker: das prächtige Gerbeaud in Budapest

SPRACHE

Die einzigartige ungarische Sprache gehört zur finno-ugrischen Sprachfamilie. Wichtig zu wissen: In Ungarn wird der Familienname vorangestellt – steht auf einer Visitenkarte

Balogh István, lautet der Vorname István und der Nachname Balogh. Und beim Datum schreibt man zuerst das Jahr, dann den Monat, dann den Tag. Auch wenn Sie kein Ungarisch sprechen: Mit Deutsch oder Englisch kommen Sie auf Ihrer Reise meist gut zurecht.

THERMALBÄDER

Das orientalische Flair des Rudas- und des Király-Bades in Budapest zeugt von der Badekultur der Türken im 15. Jh. Sie genossen, wie schon die Römer, den Thermalwasserreichtum Ungarns. Bislang sind im Land über 1000 Thermalquellen bekannt, davon 350 mit Heilwirkung. Dieser natürliche Schatz macht Ungarn zu einem Tummelplatz für Kur- und Wellnessgäste. Das westungarische Hévíz, der bekannteste Kurort, verfügt über ein ausgezeichnetes Angebot an Kur- und Wellnesshotels. Andere Orte haben nachgezogen, in Westungarn beispielsweise Harkány, Zalakaros, Bük, Sárvár, Balf, Mosonmagyaróvár, Győr und der Höhlenkurort Tapolca. In Ostungarn ist Hajdúszoboszló der populärste Thermalkurort. Gute Bäder haben auch Debrecen, die nette Kleinstadt Gyula sowie Eger und Miskolc-Tapolca im Nordosten. An und nahe dem Fluss Theiß sind die Orte Tiszaújváros, Tiszafüred und Berekfürdő sowie das familiäre Tiszaörs mit Thermalwasser bzw. Thermalbädern gesegnet.

TRINKREGELN UND TRINKSPRÜCHE

Biertrinker, aufgepasst: Mit Bier anzustoßen ist in Ungarn ein Fauxpas! Warum? Weil 1849 – nach dem gescheiterten Freiheitskampf gegen die Österreicher – 13 Generäle auf Befehl von Kaiser Franz Joseph I. hingerichtet wurden und die Henker mit Bier feierten. Studenten stoßen heute schon mal mit dem augenzwinkernden Zusatz „Haynau soll sterben“ kräftig an: Julius Jakob Haynau war der für die Exekutionen zuständige Militärbefehlshaber. Apropos Augenzwinkern: Mit den vertrackten ungarischen Ausspracheregeln werden Urlauber beim Trinken gern aufs Glatteis gelockt. *Egészségedre,* „Auf Deine Gesundheit“: Diesen Trink-

> ZAHLEN UND FAKTEN

Ein Land, 19 Bezirke, über 10 Mio. Menschen

Ungarn ist mit 93 030 km^2 knapp doppelt so groß wie das Bundesland Niedersachsen und hat 10,043 Mio. Einwohner. 63 Prozent der Bevölkerung leben in den Städten, allein 1,9 Mio. in der Hauptstadt Budapest. Von Ost nach West misst Ungarn an der breitesten Stelle 526 km, von Nord nach Süd 268 km. Die zwei großen Flüsse des Landes fließen von Nord nach Süd: die Theiß (Tisza) mit einer Länge von 598 km und die Donau, die auf ungarischem Gebiet 417 km lang ist. Die Republik Ungarn *(Magyar Köztársaság)* ist in 19 Bezirke (Komitate) aufgeteilt.

spruch hat der Gast schnell drauf – denkt er! Meistens kommt jedoch die Aussprache von *egész seggedre* dabei heraus. Und das heißt: Auf Deinen ganzen A… Also ein Prosit auf den ganzen Allerwertesten. Eine Mordsgaudi für die Ungarn!

ZIGEUNERMUSIK

Die Zigeunermusik war ein Markenzeichen Ungarns – und wird mit jedem Jahr seltener. Inzwischen beschäftigen nur noch so wenige Restaurants eine Zigeunerkapelle, dass zu Recht vom Aussterben einer kulturellen Institution die Rede ist. Dabei fehlt es nicht an talentierten Musikern. Die Jüngeren – nicht wenige von ihnen tragen den Namen einer großen Musikerdynastie wie Lakatos – müssen ihre Zukunft in anderen Formationen, beispielsweise in Jazzensembles, suchen. In Kombination mit der insgesamt starken Ausgrenzung der Zigeuner verlieren sie mit dem Verschwinden der Kapellen aus Restaurants und Hotels leider auch noch einen der letzten Orte gesellschaftlicher Akzeptanz.

ZOPFSTIL

Dieser Begriff begleitet zahlreiche Sehenswürdigkeiten in Ungarn: sakrale Bauten wie die Große Kirche in Kecskemét, Paläste wie den Bischofspalast in Szombathely, Schlösser wie Schloss De la Motte in Noszvaj, repräsentative Bauten wie das Budapester Rathaus und viele Bürgerhäuser. In Ungarn ist der Zopfstil die dominierende Stilvariante des Barock. Hinter dem Wort steht eine gute Portion Herablassung: Während die adeligen Bauherren, die den Barock prägten, den echten Kunstverstand für sich reklamierten, wurde dem eher bürgerlich dominierten Baustil des Spätbarock das Wörtchen „Zopf“ angeheftet, um ihn – in Anlehnung an die aus der Mode gekommene Zopfperücke – als altmodisch zu deklassieren. Der Zopfstil ist stark vom Klassizismus geprägt, weist aber auch spätbarocke Elemente wie zopfförmige Blatt- und Blumengirlanden auf. Möglicherweise geht die Namensgebung auch auf diese Formensprache zurück.

Wellnessfaktor: Thermalbad in Gyula

KLASSIK, POP UND SOMMERSHOWS

Vom Frühlingsfestival in Budapest bis zur Strandparty am Balaton

> Budapest ist das kulturelle Zentrum, aber auch von Sopron bis Debrecen stehen erstklassige Veranstaltungen auf dem Programm. Im Sommer finden vorwiegend Historienspektakel und bunte Festivals statt. Einen aktuellen Überblick erhalten Sie auf *www.ungarn-tourismus.de*, beim Ungarischen Tourismusamt oder bei den örtlichen Touristeninformationen.

OFFIZIELLE FEIERTAGE

1. Jan. *Neujahr;* **15. März** *Tag des Unabhängigkeitskampfes von 1848/49* (Nationalfeiertag); **März/April** *Ostermontag;* **1. Mai** *Tag der Arbeit;* **Mai/Juni** *Pfingstmontag;* **20. Aug.** *St.-Stephans-Tag* (Nationalfeiertag); **23. Okt.** *Tag der Republik* (Nationalfeiertag); **1. Nov.** *Allerheiligen;* **25./26. Dez.** *Weihnachten*

FESTE UND VERANSTALTUNGEN

Januar

Neujahrskonzert am 1. Jan. in der Staatsoper in Budapest. *www.hungaria-koncert.hu*

Februar

Busó-Karneval in Mohács: farbenfrohes Spektakel mit Umzug und Jahrmarkt

März/April

★ *Frühlingsfestival in Budapest*: Top-Klassikevent mit namhaften Orchestern und Ensembles. Konzerte, Oper und Ballett. *www.festivalcity.hu*

Ostern in Hollókő: In dem malerischen Dorf werden alte Volksbräuche lebendig.

Matyó-Ostern wird am Ostermontag festlich und farbenfroh im Matyó-Viertel Hadas in Mezőkövesd gefeiert.

Mai

Balaton-Festival in Keszthely: Saisoneröffnung mit Flaggenparade und Konzerten. *www.bkksz.hu*

Fest des Segelsetzens in Balatonfüred: Eröffnung der Saison

Juni/Juli

Opernfestival in Miskolc, das zum besten Bartók-Festival werden will. *www.operafesztival.hu*

Aktuelle Events weltweit auf www.marcopolo.de/events

> EVENTS FESTE & MEHR

Burgfestspiele von Visegrád: Ritterspiele, die kleine Königsstadt steht im Zeichen des Mittelalters. www.palotajatekok.hu

Insider Tipp *Balaton Sound:* Das Festival mit heißen Hip-Hop-, Pop- und Soulrhythmen findet in toller Atmosphäre am Strand in Zamárdi statt. www.sziget.hu/balatonsound

★ *Szeged-Freilicht-Festwochen:* Votivkirche und Domplatz sind die imposante Kulisse für Theater und Konzerte (klassische Musik, Rock, Folklore). www.szegediszabadteri.hu

Ende Juni feiert Budapest das *Brückenfest* mit Open-Air-Konzerten und Straßenfest. www.festivalcity.hu

August/September

Jazztage von Debrecen: die ältesten in Ungarn. www.fesztivalkozpont.hu

Sziget-Festival: Das Mega-Event in Budapest zieht Hunderttausende Besucher an. www.sziget.hu

Brückenmarkt in Hortobágy mit viel Puszta-Folklore. www.hortobagyikht.hu

Formel 1, Grand Prix am Hungaroring: das Spitzenereignis für Motorsportfans. www.hungaroring.hu

Debrecener Blumenkarneval: Wagenkorso mit Aufbauten aus Millionen von Blüten. www.fesztivalkozpont.hu

St.-Stephans-Tag: Großes Feuerwerk in Budapest am 20. Aug. Dieser Tag wird in allen Städten und Dörfern gefeiert.

Haydn in Eszterháza: Festival im prachtvollen Schloss Fertőd, ein Highlight für Klassikfans. www.haydn-eszterhaza.hu

Oktober

Herbstfestival in Budapest: Der Schwerpunkt liegt auf zeitgenössischer, experimenteller Kunst. www.bof.hu

Das *Harfenfestival* im Schloss Gödöllő bei Budapest ist erstklassig besetzt. www.kiralykastely.hu Insider Tipp

Dezember

Ein Topevent ist am 30. Dez. das Konzert des 100-köpfigen Zigeunerorchesters. Mit Abendessen und Wein. www.viparts.hu

> PÖRKÖLT, PAPRIKA UND PALATSCHINKEN

Bei guter Zubereitung sind ungarische Gerichte ein Gedicht

> Die ungarische Küche könnte man rühmen als Schmelztiegel kulinarischer Einflüsse, z. B. türkischer, österreichischer, deutscher, slowakischer, serbischer und kroatischer. Wer nach einem guten ungarischen Kochbuch kocht, kann eine Fülle davon in köstliche Gerichte umsetzen.

In den ungarischen Restaurants wird glücklicherweise immer seltener nach dem Motto „Masse statt Klasse" gekocht. Es gibt eine deutliche Entwicklung hin zu mehr Qualität, allerdings weitgehend auf dem Niveau einer guten Hausmannskost. Zum klassischen Repertoire gehören vor allem die auf *pörkölt, paprikás, tokány* oder *gulyás* endenden Gerichte. Paniertes, ein Erbe der Donaumonarchie, ist in Ungarn ungemein beliebt. Und nicht nur Fleisch kommt paniert auf den Tisch: Auch Fisch und Gemüse werden gern in Panade ausgebacken. Gewürzpaprika und Paprikahuhn, Gulaschsuppe und das Natio-

> www.marcopolo.de/ungarn

ESSEN & TRINKEN

nalgericht Kesselgulasch: Diese typischen Gerichte sind in der Tiefebene beheimatet, dem Land der Puszta. Die Zwiebel- und Knoblauchhochburg des Landes ist die Region um Makó. Und so wundert es wenig, dass man hier Gerichte wie „Gefüllte Zwiebeln nach Makóer Art" erfand.

Zahlreiche ungarische Gerichte sind mit den Namen prominenter Künstler oder Köche verbunden. So gibt es eine Bohnensuppe „à la Jókai", benannt nach dem Romancier Mór Jókai, und die Gundel-Palatschinken, die den Namen des berühmten Kochs Johann Gundel (1844 bis 1915) tragen. Palatschinken finden sich auf jeder Speisekarte bei den Desserts. Neben der *Gundel-palacsinta* (mit einer Füllung aus Walnüssen, Orangeat, Rosinen und einem Schokoladenguss) besonders beliebt sind *almás palacsinta* (mit Äpfeln), *ízes palacsinta* (mit Marmelade) und *túrós palacsinta* (mit Quarkfüllung). Als Vorspeise sind Suppen sehr gefragt, nicht zuletzt süße aus Früchten wie Sauerkirsche oder Apfel.

In den ungarischen Wäldern gibt es Wild in großer Zahl, vor allem in den Donauknie-Gebirgen Börzsöny und Pilis und den Mittelgebirgen Mátra und Bükk. Im Bükk-Gebirge werden auch die besten frischen und geräucherten Forellen serviert; sie stammen aus den Fischzuchten am Fluss Szalajka. Nordöstlich von Budapest liegt die Heimat der Palozen; ihre Küche hat Köstlichkeiten wie die *Palozer Lammsuppe* hervorgebracht.

> SPEZIALITÄTEN

Genießen Sie die typisch ungarische Küche!

bográcsgulyás – Kesselgulasch, über dem offenen Feuer zubereitet

dobos-torta – sechsschichtige Biskuittorte mit Schokoladenbuttercreme und Karamellglasur, benannt nach dem berühmten Konditor József Dobos

Esterházy-rostélyos – Roastbeefscheiben, in Gemüsesud geschmort

gesztenyepüré hagyományos módon – Kastanienpüree, eine beliebte Süßspeise, als Dessert mit Sahne

halászlé – kräftig gewürzte Fischsuppe aus mehreren Fischsorten, z. B. Karausche, Barsch, Rotbarsch und Karpfen (Foto)

lángos – Fladen aus Hefeteig in vielen Variationen, z. B. mit Kraut, Schafskäse, Schinken oder Dill, beliebter Snack

lecsó – eine Art Eintopf aus Tomaten, Paprikaschoten und Zwiebeln

palacsinta – dünne, gefüllte Pfannkuchen in vielen Variationen

paprikás csirke – Huhn mit köstlicher Paprikasauce, meist mit Nockerln serviert

pörkölt – ein Fleischgericht mit Paprikaschoten und Tomate, entspricht dem deutschen Gulasch

pogácsa – Pogatschen. Das runde, salzige oder süße Kleingebäck sollte warm gegessen werden

rántott karfiol – Blumenkohlröschen, in Semmelbröseln gewälzt und in Öl frittiert, als Vorspeise mit Sauce Tatar

rántott sertésborda – panierte Schweinekoteletts, die in Öl goldgelb gebraten werden

sör – das Wort, das sich Biertrinker merken sollten

szarvasgulyás – Hirschgulasch, z. B. mit Knoblauch, Kartoffeln und Wurzelgemüse

túrós rétes – Quarkstrudel, frisch aus dem Ofen besonders köstlich. Strudel gibt es mit vielen Füllungen, z. B. als Sauerkirsch-, Walnuss- oder Mohnstrudel

újházi tyúkhúsleves – klare Hühnersuppe mit viel Fleisch, Gemüse und Nudeln, benannt nach dem Schauspieler Ede Újházy

ESSEN & TRINKEN

Süße Spezialität: *Skalický trdelník*

Wo immer Sie einen Hinweis auf Siebenbürgener Küche sehen: Sie hat einen ausgezeichneten Ruf und ist allemal einen Versuch wert.

Eine Spezialität Transdanubiens ist der *fogas,* der edle Balaton-Zander – eine Art, die nur im Plattensee vorkommt. Am besten schmeckt er als ganzer Fisch vom Grill. Auch der *Esterházy-Rostbraten* ist in Transdanubien zu Hause. Den Feinschmeckern Miklós und Pál Esterházy (18. und 19. Jh.) von Schloss Fertőd verdanken etliche Gerichte den Zusatz „à la Esterházy“. Eines der beliebtesten Sauerkrautgerichte, das *Székler Gulasch,* soll der Archivar József Székely als Resteessen erfunden haben, als er nur noch ein wenig Gulasch und Sauerkraut im Haus hatte.

Internationalität beschränkt sich in Ungarn, von Budapest einmal abgesehen, weitgehend auf Pizzerien und Fastfoodketten. Gaststätten und Restaurants heißen *vendéglő* bzw. *étterem*. Sie sind in drei Qualitätsstufen eingeteilt, aber das muss nicht viel bedeuten. Eine *csárda* ist ein bescheidenes Dorfgasthaus, in dem das Essen aber durchaus besser sein kann als anderswo. Im traditionell einfachen *eszpresszó* gibt es z. B. Getränke und belegte Brötchen. Der gängigen Vorstellung von einem Café entsprechen die *cukrászda* (Konditorei) und das *kávéház* (Kaffeehaus).

Ungarns Weine werden immer besser, und das Land ist gespickt mit Weingütern. *Fehér bor* ist der Weißwein, *vörös bor* der Rotwein. Ein trockener Wein trägt die Bezeichnung *száraz,* ein halbsüßer *félédes.* Der berühmteste Wein ist der Tokajer, der in der Region Tokaj-Hegyalja eine Renaissance erlebt. Besonders gut ist der süße *Tokaji aszú,* den es in Qualitätsstufen von drei bis sechs Bütten *(puttony)* gibt. Der wohl bekannteste Rotwein ist der Erlauer Stierblut aus Eger und Szekszárd. Gute Rotweine kommen mehr und mehr aus der Region Szekszárd. Am Balaton ist Badacsony ein gutes Weinanbaugebiet. Zur Weinregion Balatonfüred-Csopak gehört auch die Halbinsel Tihany. Das Zentrum des Anbaugebietes Dél-Balaton am Südufer erstreckt sich von Balatonboglár bis Fonyód. Ungarns südlichstes Weinanbaugebiet ist Villány-Siklós, in dem einige der besten Weingüter zu Hause sind. Eine Besonderheit der Region ist z. B. die ungarische Rebsorte Lindenblättriger *(hárslevelű).* Sopron in Westungarn ist ein weiteres traditionelles Anbaugebiet.

KUNST, KITSCH, KÖSTLICHKEITEN

Zum Kauf verführen vor allem Salami, Schnäpse und das schöne Kunsthandwerk

> Alle Regionen Ungarns haben ihre eigenen kunsthandwerklichen Traditionen und halten z. B. ein vielfältiges Angebot an Keramik bereit. Märkte *(vásárok)* sind nicht mehr ganz so häufig zu finden wie vor Jahren, aber es gibt sie noch. Von Kunst über Kitsch bis zu Praktischem wird hier alles feilgeboten, und es gilt: Erst genau prüfen, dann kaufen. So mancher Markenturnschuh hat sich schon als Billigimport entpuppt und manche handgestickte Decke als „made in Taiwan". Echtes Kunsthandwerk wird vielfach nur in Spezialgeschäften angeboten.

KULINARISCHES

Wer sich zu Hause geschmacklich an Ungarn erinnern möchte, kann sich dafür mit guten Zutaten eindecken. Dazu gehören Paprikapulver aus Kalocsa und Szeged, den Hochburgen des Paprikaanbaus, oder sauer Eingelegtes wie Zwiebeln, Tomaten, Paprika, zumeist dekorativ in Gläsern arrangiert. Lecker sind auch ungarische Räucherwürste wie *Gyulaer* und *Csabaer* mit ihrem typischen Aroma aus Paprika, Pfeffer, Kümmel und Knoblauch. Zu den Topdelikatessen gehören Gänseleberprodukte wie Gänseleberparfait oder Gänseleber naturel.

OBSTBRÄNDE & MAGENBITTER

Pálinka heißen die ungarischen Schnäpse, und das Land hat einige wirklich gute hervorgebracht. Ein Klassiker ist der Aprikosen-Obstschnaps *(barackpálinka)*, aber die Spitzenbrennereien bieten auch viele ungewöhnliche Sorten. International prämiierte Destillerien sind z. B. die *Brennerei Agárd (Agárdi Pálinkafözde* | www.agardi.hu*)* in Agárd am Velence-See und die *Zimek Manufaktúra* (www.palinka.info) in Zamárdi am Südufer des Balaton, in der Sie beim Brennen zuschauen können. Brände aus allen Teilen des Landes gibt es in Budapest im *Pálinka-Haus (Rákóczi út 17)*.
Eine weitere Spezialität ist der traditionelle Magenbitter *Zwack Unicum.* Erst-

> EINKAUFEN

mals gemixt hat ihn Dr. Zwack, Hofarzt des österreichischen Kaisers Joseph II.

PORZELLAN & KERAMIK

Schöne Mitbringsel sind Porzellan und Keramik. Die *Porzellanmanufaktur Herend (www.herend.com)* ist fast so berühmt wie die in Meißen. Wer den modernen Landhausstil liebt: In Herend wird auch handbemalte Keramik hergestellt – zu erschwinglichen Preisen. Einen Kaffeebecher gibt es schon für etwa 5 Euro. *Herend-Keramik (Herendi Majolika | www.herendmajolika.hu)* gibt es in vielen Formen und Farben. Ebenfalls bekannt ist das *Zsolnay-Porzellan (www.zsolnay.hu)* mit Formen und Dekoren im Stil der Sezession.

SALAMI

Salami ist zu Recht das beliebteste ungarische Souvenir. Ihr Erfinder: Márk Pick aus Szeged an der Theiß. Er nannte die Wurst *téliszalámi* (Wintersalami), weil sie – noch bis Mitte des 20. Jhs. – nur in den Monaten Oktober bis März hergestellt wurde, denn beim Reifeprozess spielte die vom Fluss aufsteigende Kühle eine wichtige Rolle. Für manchen Geschmack fast noch köstlicher ist eine ungarische Paprikasalami – und zwar die scharfe.

STICKEREIEN

Eine große Auswahl haben Sie auch auf einem speziellen Gebiet der Volkskunst: bei Stickereien. Berühmt sind Kalocsa- und Matyó-Stickereien, die bunten Auflegestickereien aus Buzsák sowie die Weißstickerei.

WEIN

Weine aller namhaften ungarischen Winzer können Sie in Budapest auf dem Burgberg verkosten: im *Haus der ungarischen Weine (Magyar Borok Háza | Szentháromság tér 6 | www.winehaus.hu)*. Ein architektonisches Juwel ist das *Haus der Balaton-Weine (Blaha Lujza utca 5)* in Balatonfüred. Dort werden die Weine in einer wunderschön restaurierten Villa präsentiert.

Insider Tipp

> EINE SCHATZKAMMER DER KULTUR

An Faszination und Vielfalt ist Ungarns Westen nicht zu überbieten

> Schöne Städte, Schlösser und Weinlandschaften bestimmen den Reiz aller Teilregionen Transdanubiens, des Landes jenseits der Donau.

Im Hügelland des Südens mit dem 700 m hohen Mecsek-Gebirge ist Pécs das städtische Zentrum. Im Nordwesten, nahe Sopron, reichen die Alpenausläufer bis in 558 m Höhe. Weiter östlich, nach Veszprém hin, bestimmen die Bakony-Hügel und der Plattensee das Bild.

Bild: Villány

GYŐR

[123 D3] **Drei Flüsse (Donau, Rába und Rábca) und eine 1000-jährige Geschichte als Bischofssitz prägen das barocke Zentrum der Stadt.** Győr (130 000 Ew.) liegt 120 km westlich von Budapest.

SEHENSWERTES

BISCHOFSBURG (PÜSPÖKVÁR)

Am *Domkapitelhügel (Káptalandomb)* ziehen sich die Basteien vom

TRANS DANUBIEN

Fluss Rába den Hügel hinauf. Mit ihrem Bau begannen italienische Festungsmeister 1537. Ihr heutiges Erscheinungsbild verdankt die Burg dem Bischof Ferenc Zichy (18. Jh.).

LIEBFRAUENDOM (SZÉKESEGYHÁZ)
Der gegenüber der Bischofsburg gelegene Dom hat eine fast 1000-jährige Baugeschichte. Im 18. Jh. gab Bischof Ferenc Zichy den Umbau im barocken Stil in Auftrag. Franz Anton Maulbertsch schuf die Fresken, die Tafelbilder und das Altarbild. An der Südseite liegt die Ende des 14. Jhs. erbaute gotische Kapelle mit dem Reliquienschrein des hl. Ladislaus und dem Grabmal des Märtyrerbischofs Vilmos Apor (1892–1945). Er wurde erschossen, weil er Frauen, die in die Bischofsburg geflüchtet waren, vor Übergriffen durch russische Soldaten schützen wollte. *Káptalandomb*

GYŐR

Győr: Karmeliterkirche am Wiener-Tor-Platz

IMRE-PATKÓ-SAMMLUNG

Zu sehen ist bildende Kunst des 20. Jhs., dazu Kunst aus Afrika und anderen Teilen der Welt. *Di–So 10 bis 18 Uhr | Széchenyi tér 4 (im Eisenstock-Haus/Vastuskós-ház) | www.gymsmuzeum.hu*

RATHAUS (VÁROSHÁZA)

Monumentaler Neobarockbau mit einem 60 m hohen Turm. *Szent István út*

SZÉCHENYI TÉR

Der Széchenyi-Platz ist das Herz der alten Bürgerstadt. In der Mitte steht die barocke Mariensäule. Die Fresken in der *St.-Ignatius-Kirche* und das Bild des Hochaltars schuf der Barockmaler Paul Troger 1744.

WIENER-TOR-PLATZ (BÉCSI KAPU TÉR)

Schöne Beispiele für Paläste im Barock- bzw. Zopfstil sind das *Altabak-Haus* (Nr. 12) und das um 1780 für den Bischof Ferenc Graf Zichy errichtete *Ott-Haus* (Nr. 13). Die *Karmeliterkirche (Karmelita templom)* entstand 1721.

JÁNOS-XANTUS-MUSEUM

In einem Barockbau. Mehrere Ausstellungen, z. B. zur Geschichte der Stadt. *Di–So 10–18 Uhr | Széchenyi tér 5 | www.gymsmuzeum.hu*

ESSEN & TRINKEN

BELGIAN BEER

Hinter der weißen Fassade des Traditionshotels Rába liegt dieses Cafférestaurant mit dem Charme eines Bistros aus dem frühen 20. Jh., belgischer Bierkultur und einer auch belgischen Küche. *Arpád út 34 | Tel. 96/31 11 24 | €€*

BERGMANN CUKRÁSZDA

Dieses Café im Eszterházy-Palais in der Fußgängerzone betreibt eine der besten ungarischen Konditorenfamilien. Spezialitäten sind *Francia krémes* und *Rákóczi túros. Király utca 17*

PATIO

Mit überdachtem Innenhof, Restaurant, Café und einem Stand für *lángos* und Palatschinken. *Baross utca 12 | Tel. 96/31 00 96 | €–€€*

SCHWEIZERHOF

Die Gourmetoase gehört zum kleinen, luxuriösen Hotel Schweizerhof

(32 Zi.). *Sarkantyú köz 11–13 | Tel. 96/51 23 58 | Fax 51 23 55 | www.schweizerhof.hu* | €€€

ÜBERNACHTEN

FONTE

Nahe dem Theater liegt das schön restaurierte Hotel aus der Zeit der Wende zum 20. Jh. *29 Zi. | Schweidel utca 17 | Tel. 96/51 38 10 | Fax 51 38 20 | www.hotelfonte.hu* | €€

KLASTROM

In einem renovierten Karmeliterkloster aus dem 18. Jh. Mit Restaurant und Innenhof. *40 Zi. | Zechmeister utca 1 | Tel. 96/51 69 10 | Fax 32 70 30 | www.klastrom.hu* | €€

SZÉL FIAI FOGADÓ

Ein urgemütliches Landgasthaus mit bester regionaler Küche und viel Komfort (Tennisplätze, Pool, Sauna). Das Szél Fiai liegt 12 km von Győr entfernt wunderschön am Ende eines Waldwegs mit Weinkellern. *9 Apartments | Vaskapu 71 | Nyúl | Tel. 96/54 00 15 | Fax 54 00 16 | www.winecellarinn.hu* | €

FREIZEIT & SPORT

Am Fluss, mit Altstadtblick, liegt das neue *Erlebnis- und Thermalbad Rába-Quelle* mit seinem Kur-, Wellness- und Spaßangebot. Zum neuen Saunagarten gehört auch eine Salzhöhle *Tgl. 9–22 Uhr | Fürdő tér 1 | Tel. 96/51 49 00 | www.rabaquelle.hu*

Insider Tipp

AUSKUNFT

Tourinform | Árpád utca 32 | Tel./Fax 96/31 17 71 | www.gyortourism.hu

ZIELE IN DER UMGEBUNG

MOSONMAGYARÓVÁR UND GROSSE SCHÜTTINSEL (SZIGETKÖZ) [122 C2]

Mosonmagyaróvár (32 000 Ew.), die Stadt, in der sich der Fluss Lajta mehrfach verzweigt, liegt 38 km von Győr und nur 10 km von der österreichischen Grenze entfernt. Sie ist das städtische Zentrum des Naturschutzgebietes *Große Schüttinsel (Szigetköz),* das von der Donau und ihren Altarmen gebildet wird. Die artenreiche Wasser- und Auenlandschaft ist ein Paradies für Natururlauber (Reiten, Radtouren und Wassersport, wie z. B. Kanu- und Kajakfahren).

MARCO POLO HIGHLIGHTS

★ Pannonhalma
Die mächtige Abtei gehört zum Welterbe der Unesco (Seite 34)

★ Kőszeg
Die zauberhafte Kleinstadt ist ein mittelalterliches Juwel (Seite 37)

★ St.-Maria-Kirche/ Moschee Kassim Ghasi
Prachtvoller Moscheebau aus dem 16. Jh. und Wahrzeichen von Pécs (Seite 43)

★ Fő tér von Sopron
Rund um diesen Platz wird Architekturgeschichte lebendig (Seite 47)

★ Schloss Fertőd
Das „ungarische Versailles" der Fürsten Esterházy (Seite 48)

★ Burgviertel
In schöner Höhenlage zu bewundern: Kirchen und Paläste in Veszprém (Seite 52)

In Mosonmagyaróvár sehenswert sind z. B. die *Alte Burg (Óvár)* und Barockhäuser in der *Hauptstraße (Fő utca)*. Das schönste ist das Insider Tipp Cselley-Haus *(Mai–Sept. Di–So 10–18 Uhr, Sept.–Nov. 12–16 Uhr, sonst 10–14 Uhr | Fő utca 19)* mit der wertvollen Sammlung des Arzt-Ehepaares Gyurkovich. Dazu gehören Gemälde aus dem 18./19. Jh., Porzellan und Möbel. Das *Thermalbad Flexum (Kolbai út 10 | www.flexumrt.hu)* wurde modernisiert und um ein Erlebnisbad erweitert. Mosonmagyaróvár hat sich zu einer Hochburg des Zahntourismus entwickelt *(www.die-endverbraucher.de/zahnkliniken)*. Am Flussufer steht das neue Hotel *Lajta Park (5 Zi., 14 Apartments | Vízpart utca 6 | Tel. 96/20 70 88 | Fax 20 53 69 | www.hotellajtapark.hu | €€)*. Das Hotel des Thermalbads ist das *Thermal Hotel (50 Zi. | Kolbai Károly utca 10 | Tel. 96/20 68 71 | Fax 20 68 72 | www.thermal-movar.hu | €€)*.

20 km weiter Richtung Donau liegt *Lipót,* dessen parkähnliches *Thermalbad (www.lipotfurdo.hu)* um ein großes Insider Tipp Erlebnisbad mit Rutschenpark erweitert wurde. Nahe dem Bad liegt das Wellnesshotel *Orchidea (35 Zi. | Rákóczi utca 42–44 | Tel./Fax 96/67 40 42 | www.orchideahotel.hu | €€)*. Nur 4 km weiter liegt das Renaissanceschloss *Hédervár (14 Zi. | Fő utca 47 | Tel./Fax 96/21 34 33 | www.hedervar.com | €€€)*.

PANNONHALMA ★ **[123 D3]**

20 km südlich von Győr thront weithin sichtbar Ungarns bedeutendstes Kloster auf einem 282 m hohen Hügel. Das Bauwerk, 996 begonnen, ist beeindruckend, auch wenn der größte Teil der Anlage aus dem 19./20. Jh. stammt. Vom Urkloster blieben nur eine Kirche und die Krypta erhalten. Die Abtei gehört zum Welterbe der Unesco. Einzigartig ist der Prunksaal der Bibliothek (250 000 Bände).

Ohne Führung zu besichtigen: Kapelle, botanischer Garten, Park, Aussichtsturm und die Ausstellung Sakralarchitektur *(Juni–Sept. tgl. 9–17 Uhr | April, Mai, Okt. Di–So 9–16 Uhr, Nov.–März bis 15 Uhr)*. Mit Führung: Kirche, Unterkirche, Kreuzgang, Bibliothek *(auf Deutsch: Mai bis Sept. tgl. 11.20, 13.20 Uhr, Juni bis Sept. auch 15.20 Uhr, April, Okt. Di–So 11.20, 13.20 Uhr, Nov.–März auf Anmeldung)*. *www.bences.hu*

HARKÁNY

[129 F6] Das ruhige, beschauliche Harkány hat nur 3800 Ew. Dass es trotzdem viele Besucher anzieht, liegt an dem erstklassigen Thermalwasser. Das Kur- und Erlebnisbad liegt in einem ausgedehnten Park und ist das Herz des Ortes. Kurort ist Harkány schon seit dem 19. Jh. Die abwechslungsreiche Umgebung lädt zu Ausflügen und Weintouren ein.

ESSEN & TRINKEN

TENKES CSÁRDA

Ungarische Küche, Zigeunermusik, Villányer Weine: Dieses Gasthaus setzt auf gute Stimmung und Hausmannskost. *Csarnota Kültelek (an der Straße 58) | Tel. 72/42 40 57 | €*

ÜBERNACHTEN

AMETISZT HOTEL

Ein neues, kleines Hotel in ruhiger Lage (250 m vom Thermalbad) mit

Restaurant. Zimmer mit Parkettböden und Terrasse oder Balkon zum Garten hin. *27 Zi. | Szent István utca 26–28 | Tel. 72/27 93 39 | Fax 58 00 77 | www.ametiszthotel.hu* | €

LIDIA APPARTEMENTHOTEL

Gepflegte Anlage mit Restaurant und Innenhof, 200 m vom Thermalbad. *37 Zweibett-Apartments | Kossuth Lajos utca 49 | Tel./Fax 72/47 97 40 | www.lidiahotel.hu* | €

FREIZEIT & SPORT

Das *Thermalbad (Kossuth Lajos utca 5 | Tel. 72/48 02 51 | Fax 48 04 35 | www.harkanyfurdo.hu)* ist auch ideal für Familien. Zu den Wasserlandschaften gehören z.B. fünf Open-Air-Becken.

AUSKUNFT

Tourinform | Kossuth Lajos utca 2 | Tel. 72/47 96 24 | Fax 47 99 89 | www.harkany.hu

Die Abtei von Pannonhalma ist Ungarns bedeutendstes Kloster

THERMAL HOTEL

Das Hotel hat einen großen überdachten Pool, eigenes Thermalwasser, gute Therapieeinrichtungen sowie ein Restaurant mit Terrasse. *105 Zi. | Járó utca 1 | Tel. 72/48 03 36 | Fax 48 04 08 | www.thermalhotelharkany.hu* | €€€

ZIELE IN DER UMGEBUNG

DONAU-DRAU-NATIONALPARK (DUNA-DRÁVA NEMZETI PARK) [130 B6]

Südlich von Harkány, entlang der Grenze zu Kroatien, fließt die Drau (Dráva). Nach Osten hin (40 km von Harkány) erstreckt sich der Nationalpark *(www.ddnp.hu)* mit seinen faszinierenden Uferlandschaften. Ans Drau-Ufer gelangen Sie, wenn Sie einige Hundert Meter vor dem Grenzübergang *Drávaszabolcs* nach rechts abbiegen (beschildert). Zu empfehlen ist auch eine Insider Tipp Schiffstour auf der Drau. Veranstaltet werden Promenadenschifffahrten (Dauer etwa eineinhalb Stunden, auch mit Programm wie Weinprobe oder Gulaschparty). *Anmeldung in Harkány bei Tour Chance | Táncsics utca 54/a | Tel. 72/48 02 72 | www.tourchance.hu*

PALKONYA **[130 A6]**

Dieses Weindorf (370 Ew., 23 km nordöstlich) mit 60 Kelterhäusern aus dem 18. Jh. und einer Rundkirche hat sich zu einem Schmuckstück entwickelt und trägt den Titel „Europäisches Kulturdorf 2007". Ideal für Familien ist das *Haus Efeu (Borostyán | 4 Apartments | Fő utca 98 | Tel. 20/915 79 60 | Fax 99/53 71 76 | www.borostyanpanzio.hu/en/palkonya | €)* mit Weinkeller und viel Spielfläche. In der *Kellerreihe (Pince sor 35)* liegt der Insider Tipp *Haraszti-Keller (Haraszti Pincészet | Tel. 30/520 08 69 | www.harasztipince.hu)*. János Haraszti öffnet ihn auf Anmeldung und lässt Sie seine Weine kosten. Er ermöglicht auch eine Besichtigung der Rundkirche.

SIKLÓS/SIKLÓS-MÁRIAGYÜD **[129 F6]**

Zu sehen gibt es in Siklós (5 km von Harkány) das mächtige *Burgschloss (Vár | 15. April–15. Okt. tgl. 9–18 Uhr, sonst bis 16 Uhr | Vajda János tér 8)*. Das Herz des Marienwallfahrtsorts Siklós-Máriagyüd (9 km von Harkány) ist die doppeltürmige *Barockkirche (Máriagyűdi Kegytemplom | 15. April–15. Okt. Mo–Sa 8 bis 19, So 7.30–19 Uhr, sonst Mo–Sa 9–17.30, So 7.30–15 Uhr | Vujisics utca 66)* aus dem 18. Jh.

VILLÁNY-SIKLÓS **[130 A6]**

Diese Weinregion gehört zu den besten des Landes. Entlang der Weinstraße *(www.borut.hu)* geht es von Villány in nordwestlicher Richtung nach Villánykövesd und nach Palkonya. In Villány erzählt das *Weinmuseum (Bor Múzeum | Di–So 8 bis 17 Uhr | Bem utca 3)* die Geschichte des Weinanbaus. Dort sind auch mehrere „Winzer des Jahres" zu Hause. Ede Tiffán erhielt als erster Winzer diese Auszeichnung *(Weingut Tiffán | Teleki Zsigmond utca 9 | Tel. 72/59 20 00 | Fax 59 20 01 | www.tiffan.hu)*. Spitzenplätze nehmen auch die Weingüter Bock und Attila Gere ein. *Bock Pension & Restaurant: Batthyány utca 15 | Tel. 72/49 29 19 | Fax 59 20 10 | www.bock.hu | €.* Die *Pension Gere (Diófás utca 4 | Tel. 72/49 21 95 | Fax 49 29 52 | www.gere.hu | €)*, 2008 erweitert auf 24 Zimmer plus Restaurant, bietet auch eine kleine Wellnessabteilung mit Pool und Massagestudio. Am *Diófás tér* liegen die Keller von Tamas Gere *(Pension: Diófás utca 1 | Tel. 72/59 20 09 | Fax 59 21 09 | www.geretamas.hu | €)*. Alle Winzer bieten Weinproben an, auf Anmeldung gibt es auch Verkostungen mit Essen.

KŐSZEG

[122 A4] ★ Die mittelalterliche Kleinstadt ist ein Schmuckstück. Die Altstadt mit der Burg umgibt der Várkör, die einstige Stadtmauer. Im Schutz der Burg entwickelte sich eine Stadt (heute 12 000 Ew.), die rund um den Jurisics-Platz in all ihrer Schönheit wiederbelebt ist.

SEHENSWERTES

APOTHEKENMUSEUM (PATIKAMÚZEUM)

Die große historische Apotheke, eine Gründung der Jesuiten, hat schöne Fresken und eine beeindruckende Einrichtung. Zu sehen ist auch ein Heilkäutergarten. *Di–So 10–17 Uhr | Jurisics tér 11*

BURGANLAGE (VÁR)

Während der Türkenkriege war die Kőszeger Burg ein Bollwerk zum Schutz Wiens und konnte 1532 mit 1000 Mann gegen Zehntausende Türken verteidigt werden. Ein Flügel der massiven Anlage, in die Sie über eine gepflasterte Brücke gelangen, ist noch in Teilen im Renaissancestil erhalten, zwei Flügel wurden nach einem Brand im Barockstil wiederaufgebaut. Das *Burgmuseum (Di–So 10 bis 17 Uhr)* zeigt eine Ausstellung zur Geschichte der Stadt. Am Eingang liegt ein kleiner Marzipanladen. *Rájnis József utca*

JURISICS TÉR

Auf dem Jurisics-Platz steht neben der gotischen *Jakobskirche* von 1404 die *St.-Emmerich-Kirche.* Das nur sechs Bankreihen kleine Kirchenschiff kontrastiert mit drei beeindruckenden Barockaltären. Das Hochaltarbild (1805) malte Stephan Dorffmeister d. J., das Tafelbild „Mariä Heimsuchung“ ist ein Werk von Franz Anton Maulbertsch.

Groß, stark und trutzig: die mittelalterliche Burganlage in Kőszeg

Ein Blickfang am Jurisics tér ist das *Rathaus* mit seiner Barockfassade.

ESSEN & TRINKEN

TAVERNA FLÓRIAN

Mit Charme und italienisch inspirierter Küche. *Várkör 59 | Tel. 94/ 56 30 72 | www.tavernaflorian.hu | €€*

ZIELE IN DER UMGEBUNG

BÜK [122 B4]

Die Thermalquellen haben Bad Bük (3200 Ew., 20 km östlich von Kőszeg) zu einem bekannten Kurort gemacht. Zu dem modernisierten *Thermalbad (Termál körút 2 | Tel. 94/ 35 80 22 | www.bukfurdo.hu)* in einer Parkanlage gehören ein Hallen-Erlebnisbad und viele Spielmöglichkeiten für Kinder.

Die Kur-, Wellness- und Sportoase der Stadt ist das *Danubius Health Spa Resort Bük (200 Zi. | Termal kőrút 27 | Tel. 94/88 94 00 | Fax 88 94 99 | www.danubiushotels.com/ buk | €€€)*. Es liegt in der Nähe des *Golfclubs (www.birdland.hu)*, der zu den besten in Ungarn gehört. *www.buk.hu*

Prächtig auch am Abend: der Rathausplatz in Kőszeg

ÜBERNACHTEN

ÍROTTKŐ

Von außen kein schöner Anblick, drinnen bietet das Hotel jedoch komfortable Zimmer und ein Wellnesscenter. *52 Zi. | Fő tér 4 | Tel./Fax 94/36 03 73 | www.irottko.hu | €€*

AUSKUNFT

Tourinform | Jurisics tér 7 | Tel. 94/ 56 31 20 | Fax 56 31 21 | koszeg@ tourinform.hu

NATIONALPARK ŐRSÉG (ŐRSÉGI NEMZETI PARK) [122 A6]
Diese einzigartige Landschaft mit ihren Bergen und Tälern, den Laub- und Nadelwäldern, Wiesen, Mooren, Quellen, Flüssen und ungemein reicher Tierwelt wurde von der Europäischen Union ausgezeichnet. Das Gebiet liegt ganz im Westen, zwischen den Flüssen Rába im Norden und Zala im Süden. Die Parkverwaltung mit dem Tourinform-Büro befindet sich in *Őriszentpéter (Siskaszer 26/A | orseg@tourinform.hu).* Charakteristisch für die Vergangenheit dieser Region als Grenzwacht sind lang gestreckte Gebäude mit tief gezogenen Schilfdächern. Zu sehen sind sie im *Museumsdorf Pityerszer (April/Mai und Sept./Okt. Di–So, Juni–Aug. tgl. 10–18 Uhr)* im Ort *Szalafő,* 5 km von Őriszentpéter.

NATURPARK ÍROTTKŐ/ GESCHRIEBENSTEIN [122 A4]
Seit der Eiserne Vorhang weg ist und es keine Grenzkontrollen mehr gibt, ist dieses Naturareal *(Írottkő Natúrpark | www.naturpark.hu)* südwestlich von Kőszeg eine noch attraktivere Wander- und Radfahrregion. Bei Kőszeg, im *Király-völgy (Königstal),* ist der imposante Baumstumpf einer 700 Jahre alten Kastanie zu sehen. Auf dem *Óház-Berg (Óház-tető)* steht in 609 m Höhe ein Aussichtsturm. Zur höchsten Erhebung, dem auf der österreichisch-ungarischen Grenze gelegenen Berg *Írottkő* auf 884 m, führt ein 15 km langer Weg. Dort steht der *Árpád-Aussichtsturm.* Infos und Karten gibt es bei Tourinform in Kőszeg. Prima für Wanderer, Radfahrer und Familien ist das im ländlichen Barockstil errichtete Gästehaus *Napvirág Vendégház (3 Zi., 1 Studio | Salamonfai utca 30 | Tel./Fax 94/31 44 77 | www.napviraghaz.hu | €)* in Zsira mit einfachen, aber großen Zimmern. Es liegt 16 km von Kőszeg entfernt und 1 km vom österreichischen Lutzmannsburg mit seinem großen Erlebnisbad.

Insider Tipp

SÁRVÁR [122 B4–5]
Mittelpunkt des Städtchens (5000 Ew.) 50 km südöstlich von Kőszeg ist das fünfeckige *Renaissance-Burgschloss.* Im *Ferenc-Nádasdy-Burgmuseum (Di–So 10–17 Uhr | Várkerület utca 1)* mit dem großartigen Prunksaal sind Ausstellungen zu sehen. Neben der Burg liegt ein 10 ha großes *Arboretum.*

Sárvár hat sich zu einer Top-Kur- und Wellnessadresse gemausert. Mit 3500 m² Wasserfläche (Thermalhallen- und Freibäder, Erlebnisbad, Schwimmbad) und modernen Kureinrichtungen ist das neue *Thermal-*

> LOW BUDGET

- Das bayerisch anmutende Gästehaus *Mohás Vendégház* liegt 2 km außerhalb von Kőszeg in einem wunderschönen Tal auf einem großen Gartengrundstück. Übernachtung 15 Euro pro Person im Doppelzimmer. *4 Zi., 3 Apartments | Mohás út 83 | Tel. 94/36 46 21 | www.mohasvendeghaz.hu*
- Markenkleidung zum Schnäppchenpreis finden Sie im *Premier Outlet* nahe der Autobahn Győr–Budapest. *M1, Ausfahrt 16/Budapark | tgl. 10 bis 20 Uhr | www.premieroutlet.hu*

und Wellnessbad (Sárvári Gyógyfürdő | Vadkert utca 1a | www.badsarvar.hu) das größte in Ungarn. Rundum entstanden mehrere neue Hotels. Modernes Design prägt das

In der historischen Altstadt von Pápa

Insider Tipp *Park Inn Sárvár (223 Zi. | Vadkert utca 4 | Tel. 95/53 01 00 | Fax 53 01 01 | www.sarvar.parkinn.hu | €€)* mit direktem Zugang zum Thermalbad und prima Restaurantterrasse. Eine Luxuswelt für sich, mit eigenem Thermalbrunnen, ist das *Spirit Hotel Rogner Thermal Spa (275 Zi. | Vadkert körút 5 | Tel. 95/88 95 00 | Fax 62 09 01 | www.spirithotel.hu | €€€)*. Gute Mittelklasse bietet das *Hotel Aqua (Fekete-híd út 126 | Tel. 95/520 730 | Fax 52 07 31 | www.hotelaquasarvar.hu | €)*.

SZOMBATHELY **[122 A5]**
Mitten in der barocken Innenstadt liegen die Ausgrabungen der 43 v. Chr. von Kaiser Claudius gegründeten Stadt Savaria. Die Industrie- und Bezirkshauptstadt (86 000 Ew., 25 km südlich von Kőszeg) wurde im Zweiten Weltkrieg massiv zerstört. Sehenswert ist am Templom tér der 1814 vollendete Dom. Daneben liegt der Ruinengarten *Járdányi Paulovics*. Zu den freigelegten Zeugnissen des alten Savaria gehört auch ein original erhaltener Teil einer Römerstraße. Das *Bischöfliche Palais* am Berzseny tér ist ein eleganter Spätbarockpalast. Im *Freilichtmuseum (Vasi Falumúzeum | April–Nov. Di–So 10 bis 18 Uhr | Árpád utca 30)* am westlichen Stadtrand stehen reetgedeckte Häuser aus dem gesamten Bezirk.

PÁPA

[122–123 C–D4] Geprägt ist das barocke Pápa (33 000 Ew.) vom Wirken der Adelsfamilie Esterházy. Sie war 300 Jahre lang die Burgherrin des Städtchens. Rund um das herrschaftliche Schloss entwickelte sich die – weitgehend erhaltene – Bürgerstadt. Vom historischen Zentrum sind es zu Fuß nur wenige Minuten bis zum Burggartenbad, der Erlebnis- und Wellnessoase im früheren Schlossgarten.

SEHENSWERTES

BLAUDRUCKMUSEUM (KÉKFESTŐ MÚZEUM)
Der erste Eindruck täuscht: Hinter dem recht schmalen Eingangsge-

bäude liegt die komplette, sehr schön erhaltende und präsentierte Fabrikanlage der Kluge-Färberei von 1880 (vier Gebäude). *April–Okt. Di–So 9 bis 17 Uhr, Nov.–März Di–Sa 9–16 Uhr | Március 15. tér 12 | www.kekfestomuzeum.hu*

ESTERHÁZY-SCHLOSS (ESTERHÁZY-KASTÉLY)

Zu besichtigen ist der schönste Teil des 1783 vollendeten Schlosses: der Lesesaal der Bibliothek mit seinen Fresken. Er war einst die Schlosskapelle. Die Räume werden heute als normale Bibliothek benutzt *(1. Stock | Mo 13–19, Di–Fr 9–12 und 13 bis 19 Uhr).*

PFARRKIRCHE (NAGYTEMPLOM)

Der Mittelpunkt von Pápa ist die katholische Pfarrkirche in schönstem Zopfstil des Spätbarock mit ihren 72 m hohen Türmen und Fresken von Franz Anton Maulbertsch. *Fő tér*

ESSEN & TRINKEN

ARANY GRIFF

Das traditionsreiche, an der Fußgängerzone gelegene Haus bietet im Restaurant hauptsächlich ungarische Kost. Als Hotel (24 Zi.) war es lange Zeit das Einzige im Ort. Es ist auch ein Café mit Terrasse vorhanden. *Fő tér 15 | Tel. 89/31 20 00 | Fax 31 20 05 | www.hotelaranygriff.hu* | €

ÜBERNACHTEN

VILLA CLASSICA

Ein neues Hotel im historischen Rahmen einer Bürgervilla. Gehobener Dreisternekomfort, Restaurant mit mediterraner und regionaler Küche, Lobbybar. *20 Zi. | Bástya utca 1 | Tel. 89/51 22 00 | Fax 51 22 01 | www.villaclassica.hu* | €€

FREIZEIT & SPORT

Zum *Burggartenbad (Várkertfürdő)* gehören das Thermalbad (mit mehreren Pools, Dampfbad, Saunalandschaft und Restaurant) sowie ein Schwimmbad mit sechs 25-m-Bahnen und ein Freibad mit Riesenrutschen. *Thermalbad tgl. 9–22 Uhr, Schwimmbad 6–22 Uhr, Freibad 15. Mai–15. Sept. 9–20 Uhr | Várkert út 5 | Tel. 89/51 26 00 | www.varkertfurdo.hu*

Am Thermalbad liegt der sehr gute *Thermal-Campingplatz (Várkert út 7 | Tel. 89/32 07 35 | www.termalcamping.de).*

AUSKUNFT

Tourinform | Kossuth utca 18 | Tel./Fax 89/31 15 35 | papa@tourinform.hu

PÉCS

[129 F5] „Europäische Kulturhauptstadt 2010" ist Pécs, diese faszinierende, mediterran wirkende Drehscheibe zwischen Ost und West mit einer fast 2000-jährigen Geschichte. 2009 feiert die Stadt (175 000 Ew.) ihr 1000-jähriges Jubiläum als Bischofssitz. Zum Jahr 2010 *(www.pecs2010.hu)* erwarten die Besucher ein neues Konzert- und Konferenzzentrum und eine neue Kunsthalle. Revitalisiert wird der große Komplex der *Keramik- und Porzellanfabrik Zsolnay (Felsővámház utca 72),* die dem ungarischen Jugendstil sein unverwechselbares Gesicht gab. Dort entstehen ein Themenpark, ein Zentrum für Design und moderne Kunst sowie ein Restaurant. Ein weiterer Schwerpunkt ist die Neugestaltung von Parks und Plätzen.

Zum Reiz von Pécs, der „Stadt der schönen Künste", trägt auch die attraktive Hügellage am Rand des Mecsek-Gebirges bei.

SEHENSWERTES

DOM ST. PETER (SZENT PÉTER SZÉKESEGYHÁZ)

Den Grundstein zum ersten Dom legte König Stephan 1009. Der heutige Monumentalbau mit den vier Ecktürmen, den Wand- und Deckenmalereien entstand 1882–91 und ist ein Meisterwerk des Historismus.

Die wunderbare Orgel aus dem 19. Jh., gebaut vom berühmten Orgelbauer Josef Angster, erklingt nach der Restauration wieder in voller Schönheit. Wer an der Kasse den Kantor rufen lässt, bekommt ein zehnminütiges Orgelspiel zu hören (ca. 20 Euro). *Szent István tér*

Insider Tipp

FRÜHCHRISTLICHE GRABANLAGEN (ÓKERESZTÉNY MAUZÓLEUM)

Die frühchristlichen Grabanlagen von Pécs sind als Unesco-Welterbe registriert. Zu sehen sind auch sehr seltene Katakombenmalereien aus dem 4. Jh. *April–Okt. Di–Sa 10–18 und So 10–16 Uhr, Nov.–März 10 bis 16 Uhr*

HASSAN-JAKOWALI-MOSCHEE (JAKOVÁLI HASSZÁN DZSÁMIJA)

Das schönste türkische Bauwerk der Stadt, mit einem Minarett aus dem 16. Jh. Das *Museum (Di–Fr 10–14, 15–17 Uhr)* zeigt Kunsthandwerk und Musikinstrumente. *Rákóczi út 2*

JÓKAI TÉR ▶▶

Wenn der kleine Platz mit den angrenzenden Restaurants aus dem

> BLOGS & PODCASTS

Gute Tagebücher und Files im Internet

- *www.ueber-ungarn.de/blog/ungarische-rezepte* – Worüber tauschen sich Ungarnfans am liebsten aus? Übers Essen, inklusive Rezepte für beliebte Gerichte wie Lángos oder Kesselgulasch. Es geht hier aber auch um Themen wie Kultur, Kunst, Sport, Ferienorte oder Bücher zu Ungarn.
- Genussblogs (Essen, Wein und etwas Brauchtum) sind auch *www.uhrzeiten.de/?p=6* und *http://drinktank.blogg.de/index.php?cat=JOURNAL+Ungarischer+Almanach*.
- *www.podcastcentral.hu* – Podcasting und Ungarn haben noch kaum zueinander gefunden. Einen Überblick über das bisherige Angebot gibt diese Adresse.
- *www.budacast.hu* – Kultur, Szene, Essen und Trinken sowie aktuelle Themen sind die Schwerpunkte dieses englischsprachigen Podcasts. Ein prima Forum, das Ausländer mit dem besonderen Pulsschlag der ungarischen Metropole vertraut macht.

Für den Inhalt der Blogs & Podcasts übernimmt die MARCO POLO Redaktion keine Verantwortung.

Winterschlaf erwacht, bietet er mediterranes Feeling. Die Gäste sitzen draußen, lauschen abends der Musik und genießen die schöne Altstadtstimmung.

Kulturelle Kostbarkeit: die frühchristlichen Grabanlagen in Pécs

MISINA-GIPFEL (MISINATETŐ)

Einen weiten Blick in die Umgebung bietet die Aussichtssterrasse des Fernsehturms auf dem 535 m hohen Misina-Gipfel.

MUSEUMSSTRASSE KÁPTALAN UTCA

In der vom Domplatz wegführenden Káptalan utca reihen sich die Museen.

In der Nr. 4 befindet sich die *Ungarische Gemäldegalerie (Modern Magyar Képtár)*. Die Nr. 2 ist ein gotisches Propsthaus mit barockem Relief; hier gibt es erlesene Stücke der 1868 in Pécs gegründeten Porzellan- und Keramikmanufaktur Zsolnay zu sehen. Das *Vasarely-Museum* im Haus Nr. 3 erinnert mit einer Werkausstellung an Victor Vasarely (1906 bis 1997), den in Pécs als Győző Vásárhelyi geborenen „Vater der Op-Art". *Alle im Sommer Di–Sa 10–18, So 10–16 Uhr, im Winter Di–So 10 bis 16 Uhr* | www.jpm.hu

NATIONALTHEATER (NEMZETI SZÍNHÁZ)

Ein Prachtbau von 1893 mit einer Vielfalt von Stilelementen. Das Ballett-Ensemble hat einen ausgezeichneten Ruf. *Király utca/Színház tér*

ST.-MARIA-KIRCHE/ MOSCHEE KASSIM GHASI ★

Den zentralen Széchenyi-Platz beherrscht der markante Kuppelbau der 1585 vom Pascha Kassim Ghasi in

Auftrag gegebenen Moschee *(Gázi Kászim pasa dzsámija).* Nach der Türkenzeit wurde das Minarett abgetragen. Heute ist das Bauwerk die Innerstädtische Pfarrkirche St. Maria. *Széchenyi tér*

SZÉCHENYI TÉR

Dieser wunderbare Platz, durch eine kleine Straße in zwei Hälften geteilt, ist das Herz der Stadt. Zu den schönsten Gebäuden, die ihn säumen, gehören die als Moschee errichtete *St.-Maria-Kirche,* das einstige *Jesuitenkolleg* (Nr. 11), das heute ein katholisches Gymnasium ist, das ehemalige *Komitatshaus* (Nr. 9) und das 1907 erbaute *Rathaus* an der Ecke zur Király utca. Der prächtige Art-Nouveau-Bau des *Hotels Nádor* (Nr. 15) ist durch einen unterirdischen Korridor mit dem um die Ecke liegenden Hotel *Palatinus* verbunden. Schmuckstücke des Platzes sind auch die *Pestsäule* von 1710 und der *Zsolnay-Brunnen,* ein prachtvolles Jugendstilobjekt. Vom Széchenyi tér gehen die beiden attraktiven Fußgängerzonen *Ferencesek utcája* und *Király utca* ab.

ESSEN & TRINKEN

ARANYKACSA

Auf der Karte der „Goldenen Ente" (mit Vinarium) stehen ungarische Spezialitäten. *Teréz utca 4 | Tel. 72/ 51 88 60 | www.aranykacsa.hu | €€*

Insider Tipp CORSO

Der junge Koch Péter Várvízi ist einer der wenigen kulinarischen Hoffnungsträger des Landes. Er arbeitete in einigen der besten französischen Sternerestaurants und gibt jetzt im *Corso* und dem im 1. Stock liegenden *JP-Restaurant* den Ton an. Während im *JP* fein gespeist wird, geht's im *Corso* locker zu. Dort kann man es sich vom Frühstück bis in die Nacht hinein in einem jungen, unkomplizierten Rahmen gut gehen lassen. *Corso tgl. 7–1 Uhr | €€; JP Mo–Sa 12–15 und 18–22.30 Uhr | €€€; Király utca 14 | Tel. 72/ 52 51 98 | www.susogo.hu*

TETTYE

Populäres und gutes schwäbisch-ungarisches Restaurant, in schöner Lage am Berg Tettye. *Tettye tér 4 | Tel. 72/53 27 88 | €*

EINKAUFEN

Ein großer *Flohmarkt (Vásár tér | Fr, Sa, So 7–14 Uhr)* findet am 1. Wochenende jedes Monats statt (auch Antiquitäten). *Zsolnay-Porzellan* gibt es hinter der Zsolnay-Fabrik *(Felsővámház utca 54).*

ÜBERNACHTEN

KIKELET

Ein 1930er-Jahre-Bau hoch über der Stadt. Die Zimmer sind renoviert und bieten eine großartige Aussicht. Das gleiche gilt für die Restaurantterrasse. *33 Zi. | Károlyi Mihály utca 1 | Tel. 72/51 29 00 | Fax 51 29 01 | www.hotelkikelet.hu | €€*

MILLENNIUM

Modernes Haus des preisgekrönten Architekten Sándor Dévényi. Schöner Blick aus einigen Zimmern und vom Pool über die alte Stadtmauer. *25 Zi. | Kálvária utca 58 | Tel. 72/51 22 22 | Fax 51 22 23 | www.hotelmillennium.hu | €€*

PALATINUS
Feinster Jugendstil. Besonders prächtig: der Ballsaal im Sezessionsstil. *94 Zi. | Király utca 5 | Tel. 72/ 88 94 00 | Fax 88 94 38 | www.danubiushotels.com/palatinus* | €€€

AUSKUNFT

Tourinform | Széchenyi tér 9 | Tel. 72/ 21 33 15 | Fax 21 26 32 | baranya-m@tourinform.hu

ZIELE IN DER UMGEBUNG

KAPOSVÁR [129 E4]
Die geschäftige Hauptstadt des Bezirks Somogy (70 000 Ew., 65 km nordwestlich von Pécs) hat nur wenig historische Bausubstanz. Sehenswert sind jedoch die lebhafte *Fő utca* (Hauptstraße) mit dem barocken *Dorottya-Haus* (Nr. 1, Hotel Dorottya) und dem *Neorenaissance-Rathaus* von 1902 (Nr. 10), das *Jugendstil-Theater* von 1911 *(Rákóczi tér)* sowie die neoromanische *Nagyboldogasszony-Kathedrale* von 1886 *(Kossuth tér)*. Das *Kapos Restaurant & Bit-Kaffeehaus* gehört zum *Hotel Kapos (80 Zi. | Kossuth tér | Tel./Fax 82/ 31 60 22 | www.kaposhotel.hu | €)*.

MECSEK-GEBIRGE (MECSEK HEGYSÉG) [129 F5]
Das Gebirge (15 km nördlich) ist ein abwechslungsreiches Ausflugs- und Wanderziel. Auf dem Weg nach *Abaliget* liegt *Orfű* mit Seen und Teichen. Am Seeufer und am Waldrand befinden sich drei Holzhäuser mit Kinderspielplatz in einem großen Naturareal *(Buchung: Erdei Vendégházak | Pécs | Rét utca 8 | Tel. 72/50 82 00 | Fax 50 82 01 | www.mecsekerdo.hu | €)*. Im Ort Abaliget weist ein Schild

Insider Tipp

Die Moschee des Paschas Kassim Ghasi in Pécs dient jetzt als Pfarrkirche

mit der Aufschrift „Barlang" den Weg zur *Abaliget-Höhle* (500 m sind zu besichtigen). Die Höhlen und Spalten sind ein idealer Lebensraum für viele Fledermausarten. Das *Fledermausmuseum (1. April–15. Okt. tgl. 10–18 Uhr, sonst bis 15 Uhr)* befindet sich nahe dem Höhleneingang. Im Wald kann man einem Lehrpfad mit Fledermaussymbolen folgen.

Gute Aussichten: Arkadengang des Feuerturms in Sopron

SZEKSZÁRD [130 B4]

52 km nordöstlich liegt die hervorragende Rotweinregion Szekszárd. Wenn Sie in der Stadt (36 000 Ew.) vom Garay tér zum Béla tér hinauffahren, kommen Sie zum klassizistischen *Komitatshaus* von 1830, dem *Rathaus* im Sezessionsstil und zur *Belvárosi-Kirche* von 1805, einer der größten Hallenkirchen in Ungarn. Szekszárds Unterwelt ist ein Labyrinth aus 4500 Weinkellern. Am *Garay tér 19* lernen Sie im Weingeschäft *Garay Pince* die besten Weine der Region kennen.

SOPRON

[122 A3] Die zauberhafte mittelalterliche und barocke Stadt (57 000 Ew.) zwischen den Soproner und den Balfer Hügeln ist ein kulturhistorisches Gesamtkunstwerk. Die meisten Sehenswürdigkeiten liegen in der von der ovalen Stadtmauer umschlossenen, autofreien Innenstadt, in die man durch Burgtore gelangt. Weinliebhaber sind in Sopron in einer Hochburg des Blaufränkischen, den es hier in einer großen Geschmacksvielfalt zu kosten gibt.

SEHENSWERTES

FŐ TÉR VON SOPRON ★

Durch das *Vordere Tor (Előkapu)* gelangt man zum zentralen Fő tér (Hauptplatz). Sein Grundriss ist seit dem 13. Jh. nahezu unverändert. Hier steht das Symbol der Stadt, der *Feuerturm (Tűztorony | Di–So 10–18 Uhr, Juli/Aug. bis 20 Uhr),* zu dem 200 Stufen hinaufführen. Von dem umlaufenden Renaissance-Arkadengang hat man einen herrlichen Ausblick. Die Platzmitte gehört der barocken *Dreifaltigkeitssäule.*

MARIENKIRCHE (KECSKE TEMPLOM)

Dreischiffige gotische Kirche aus dem 13./14. Jh. mit 43 m hohem Turm und barocker Innenausstattung von 1750. Das Kloster neben der Kirche ist eines der schönsten gotischen Bauwerke der Stadt. *Templom utca*

MUSEEN AM FŐ TÉR

Das *Haus Nr. 2,* von 1642 bis 1967 eine Apotheke, ist heute *Apothekenmuseum (Patikaház Múzeum | Jan. bis März Di–So 10–14 Uhr, April bis Sept. 10–18 Uhr)*. Im *Fabricius-Haus (Nr. 6 | Jan.–März Di–So 10–14 Uhr, April bis Sept. 10–18 Uhr)* sind im gotischen Keller römische Skulpturen, Gräber und andere Funde zu sehen, im barocken vorderen Teil Bürgerwohnungen aus dem 17./18. Jh. Das *Storno-Haus (Nr. 8 | Jan.–März, Okt.–Dez. Di–So 10–14 Uhr, April bis Sept. Di–So 10–18 Uhr)* mit dem barocken Erker zeigt den Nachlass der reichen Soproner Familie Storno.

SYNAGOGE (ZSINAGÓGA)

Das Gotteshaus wurde in der Zeit von 1300 bis 1320 errichtet. Gezeigt wird eine Ausstellung über das Leben der Soproner Juden. *Mai–Sept. Di–So 10–18 Uhr, Okt. bis 14 Uhr | Új utca 22–24*

ESSEN & TRINKEN

JÉGVEREM FOGADÓ

In diesem traditionellen Gasthof in einem 250 Jahre alten Haus wird gute ungarische Hausmannskost in gepflegtem Rahmen serviert. Auch eine Pension (Zimmer und Apartments). *Jégverem utca 1 | Tel./Fax 99/51 01 13 | www.jegverem.hu* | €€

MEDITERRANO

Italien stand Pate bei diesem Eventkomplex mit seinen vier Restaurants: Die jungen Leute zieht es in das trendige *Spago (€),* Familien ins *Toscana (€€),* und für die feinere Küche gibt es das *Il Grande (€€)*. Frühstück, Kaffee und Cocktails stehen im *Gino* auf der Karte. *Lackner Kristóf utca | Tel. 99/51 25 60 | www.mediterrano.hu*

ÜBERNACHTEN

FAGUS

Das neue Viersternehotel im Wald hat einen 900 m^2 großen Wellnessbereich. Eine schöne Abendatmosphäre mit Weitblick bietet das feine Dachrestaurant. *132 Zi. | Ojtózi fasor 3 | Tel./Fax 99/52 32 45 | www.hotelfagus.hu* | €€€

PALATINUS PENSION

Die Pension liegt mitten in der Innenstadt und bietet Komfortzimmer in einem denkmalgeschützten Gebäude. *25 Zi. | Új utca 23 | Tel. 99/52 38 16 | Fax 52 38 17 | www.palatinussopron.hu* | €

VILLA MIMI

Die Pension in einer Gartenvilla von 1881 besticht durch die Kombination von Tradition und modernem Design. *5 Zi., 1 Suite | Honvéd utca 5 | Tel. 30/237 02 75 | Fax 99/51 23 81 | www.mimi-ameli.com* | €€

FREIZEIT & SPORT

Auf einem *Radwanderweg* kann man den gesamten Neusiedler See (Fertő tó) umrunden. Die außerhalb von Sopron gelegenen sogenannten *Lővers* waren schon im 19. Jh. eine beliebte Naturoase. Den stadtnahen *Unter-Lőverek* trennt ein Waldgürtel von *Ober-Lőverek*. Markierte Wanderwege führen zu Aussichtspunkten. Einen herrlichen Blick auf die Stadt haben Sie vom 23 m hohen Aussichtsturm auf der *Karlshöhe*.

Am *Lőver kert 82* liegen das Freibad und ein Hallenbad. Schön gelegen ist die 1000 m lange Insider Tipp **Bobbahn** *(Bécsi domb | tgl. Juni–Aug. 9–19 Uhr, April–Sept. bis 17 Uhr | an der Straße 84)*. Über eine kurvenreiche Strecke geht es hinab zur Talstation.

AUSKUNFT

Tourinform | Liszt Ferenc tér 1 | Tel. 99/51 75 60 | Fax 51 75 27 | tourinform@sopron.hu

ZIELE IN DER UMGEBUNG

BALF [122 A3]

Auf dem Hügel oberhalb des Kurortes thronen Burg- und Burgkirche aus dem 13. Jh. Bekannt ist Balf für sein schwefelhaltiges Thermalwasser. Die barocke Badkapelle von 1773 im Kurpark schmücken Fresken von Stephan Dorffmeister. *8 km südöstlich von Sopron*

FERTŐRÁKOS [122 A3]

Fertőrákos liegt 8 km nordöstlich von Sopron. Auf dem Weg dorthin zweigt bei *Sopronkőhida* eine Straße ab zum *Paneuropäischen Denkmal (Páneurópai Piknik Emlékhely)* zur Erinnerung an die Öffnung des Eisernen Vorhangs. Die Marina von Fertőrákos zieht viele Yachten an, und zahlreiche Radfahrer, die den Neusiedler See umrunden, rasten hier. Am Ortseingang liegt der *Steinbruch (Feb., März, Nov., Dez. tgl. 8–16 Uhr, sonst bis 19 Uhr)* mit faszinierenden Hohlräumen und bis zu 20 m hohen Wänden aus Leitha-Kalkstein. In den Sommermonaten wird er auch zum Konzertsaal. Das Restaurant ▶▶ *Ráspi (Fő út 78 | Tel. 99/35 51 46 | www.raspi.hu | €€)* bietet eine köstlich frische, kreative Küche.

SCHLOSS FERTŐD (FERTŐD KASTÉLY) ★ [122 B3]

In Fertőd (3000 Ew.), 30 km südöstlich von Sopron, baute sich Miklós Fürst Esterházy aus dem Jagdschloss der Familie ab 1763 sein „ungarisches Versailles“, das prachtvollste Barockschloss des Landes. 1761 verpflichtete der Fürst den Komponisten Joseph Haydn. Teile des Schlosses sind im Rahmen von Führungen zu besichtigen *(Jan.–März und Nov./Dez. Di–So 10–16 Uhr, April–Okt. 10–18 Uhr | Joseph Haydn utca 2)*. Das Schloss ist im Sommer Schauplatz musikalischer Events (Konzerte und Haydn-Festival).

5 km von Fertőd, in *Fertőszéplak*, liegt ein *Freilichtmuseum (Mai–Sept. Di–So 9–17 Uhr | Nagy Lajos utca 33–37)* mit fünf Häusern in schönem Bauernbarock.

TRANSDANUBIEN

Prächtigstes Barockschloss des Landes: Fertöd, das „ungarische Versailles"

SZÉKESFEHÉR-VÁR

[123 F5] Die Stadt (120 000 Ew.) wurde im Zweiten Weltkrieg stark zerstört, doch die restaurierte Altstadt zeigt noch einiges vom einstigen Glanz der Stadt. Das frühere Alba Regia bzw. Stuhlweißenburg war 500 Jahre lang ein Zentrum des ungarischen Reiches. In der 1018 von König Stephan gestifteten Basilika wurden 38 Könige gekrönt und 15 Herrscher beigesetzt.

SEHENSWERTES

FREILICHTMUSEUM (SKANZEN)

Im alten Serbenviertel liegt das Freilichtmuseum mit schönen alten Häusern und der *orthodoxen Kirche* aus dem 18. Jh. mit einer bemerkenswerten Ikonostase von 1771. *März–Nov. Di–So 10–16 Uhr | Rác utca 11*

KÖNIG-STEPHAN-MUSEUM (ISTVÁN KIRÁLY MÚZEUM)

Ein wichtiges Museum mit bedeutender archäologischer, kunst- und volkskunstgeschichtlicher Sammlung. *Di–So 10–16 Uhr | Fő utca 6*

RATHAUSPLATZ (VÁROSHÁZ TÉR)

Der Rathausplatz ist der Kern der historischen Stadt. Bischof János Milassin ließ 1790 an der Stelle der zerstörten Basilika einen spätbarocken Bischofspalast bauen. In der Mitte des Platzes steht der *Reichsapfelbrunnen*, der 1938, am 900. Todestag von König Stephan, aufgestellt wurde.

Das schönste Barockgebäude in Székesfehérvár ist das *Hiemer-Haus (Városház tér/Ecke Jókai utca)* von 1770. Es wird mit EU-Unterstützung restauriert.

RUINENGARTEN (ROMKERT)

Im Ruinengarten sind rekonstruierte Teile der Stadtmauer zu besichtigen. Im Lapidarium werden unter anderem Überreste der Krönungsbasilika und des Stephans-Sarkophags ausgestellt. *April–21. Okt. Di–So 10–16 Uhr | Koronázó tér*

STEPHANSDOM (SZENT ISTVÁN SZÉKESEGYHÁZ)

Der barocke Dom entstand 1758–68. Die Fresken schuf Johann Ignaz Cymbal. Die St.-Anna-Kapelle neben dem Dom, ein spätgotisches Kleinod von 1478, ist das einzige vollständig erhaltene mittelalterliche Bauwerk der Stadt. *Arany János utca 1*

ESSEN & TRINKEN

SZÁRCSA CSÁRDA

Ein behagliches Haus, eingerichtet im Stil der Wende zum 20. Jh., auch Pension (21 Zi.). *Szárcsa utca 1 | Tel. 22/32 57 00 | €€*

ÜBERNACHTEN

NOVOTEL

Komforthotel mit Wellnessbereich und einer schönen Gartenterrasse. *144 Zi. | Ady Endre utca 19–21 | Tel. 22/53 43 00 | Fax 53 43 50 | www.accorhotels.com | €€€*

AUSKUNFT

Tourinform | Városház tér 1 | Tel. 22/31 28 18 | Fax 50 27 72 | feher-m@tourinform.hu

ZIELE IN DER UMGEBUNG

MARTONVÁSÁR [124 A6]

Das im Stil englischer Tudor-Gotik erbaute *Schloss Brunswick (Brunszvik-kastély)* in einem 40 ha großen Park ist der Glanzpunkt des Ortes (5000 Ew.). Ludwig van Beethoven komponierte dort zwischen 1800 und 1820 wichtige Werke. Ein *Museum (Di–Fr 10–12 und 14–18, im Winter bis 16 Uhr, So 10–16 Uhr)* erinnert daran. Im Schlosspark finden im Sommer Beethoven-Konzerte statt. *25 km nordöstlich von Székesfehérvár*

TÁC-GORSIUM [123 F5]

Die Ausgrabungsstätte in Tác, 16 km südlich von Székesfehérvár, ist eine kulturhistorisch interessante Anlage. Die römische Siedlung war im 1. Jh. n. Chr. das geistige Zentrum der Provinz Pannonien. *April–Ende Okt. Di bis So 10–18, Nov.–März 10–16 Uhr*

TATA

[123 F3] **Die „Wasserstadt" Tata (24 000 Ew.) war im 17./18. Jh. eine schmucke Residenzstadt mit Wasserburg und Schloss, geprägt von der Adelsfamlie Esterházy.** Angesiedelt wurden auch viele Deutsche (sogenannte Donauschwaben). In den letzten Jahren sorgte der Golfplatz für Impulse zur Wiederbelebung des Städtchens, in dessen Mitte der große Öreg-See liegt. Es gibt im und um den Ort weitere kleinere Seen, viele Quellen, Wiesen und Hügel, die zum Baden und Angeln, zu Wanderungen oder Ausritten einladen.

SEHENSWERTES

BURG (ÖREGVÁR)

Die einst königliche Wasserburg wurde von den Esterházys zum Renaissance-Burgschloss ausgebaut. Im Museum sind archäologische Funde und Volkskunst zu sehen. *15. April bis 15. Okt. Di–So 10–18, sonst Mi–Fr 10–14, Sa, So 10–16 Uhr | Öregvár 3*

ESTERHÁZY-SCHLOSS (ESTERHÁZY KASTÉLY)

Bei einer Führung wird ein Erlebnis der speziellen Art geboten: die Besichtigung eines leer stehenden Schlosses. *Führungen April–Okt. zu jeder vollen Stunde | Kastély tér*

SKULPTURENMUSEUM (GÖRÖG-RÓMAI MÁSOLATMÚZEUM)
Das Museum in der ehemaligen Synagoge zeigt fast 100 Abgüsse weltberühmter griechischer und römischer Plastiken wie der Venus von Milo und der Laokoongruppe. *April bis Sept. Di–So 10–18 Uhr, sonst nach Anmeldung | Tel. 34/38 12 51 | Hősök tere 7 | kunyd@freemail.hu*

UHRENTURM (ÓRATORONY)
Vom 1763 errichteten hölzernen Uhrenturm erklingt zu jeder vollen Stunde ein Glockenspiel. *Országgyűlés tér*

ESSEN & TRINKEN

LA CASA
Südliches Ambiente, unweit der Burg. Auf der Speisekarte stehen mediterrane und ungarische Gerichte. *Országgyülés tér 3 | Tel. 70/ 252 28 84 | www.lacasa.hu | €*

ÜBERNACHTEN

DIANA GOLF HOTEL
Am Golfplatz, im einstigen Esterházy-Jagdschloss. Restaurant, Pool, Tennisplätze. *40 Zi. | Remeteségpuszta | Tel. 34/58 77 20 | Fax 58 76 23 | www.oldlakegolf.com | €€€*

GOTTWALD HOTEL
Familienfreundliche Anlage am Öreg-See. Bayrische Behaglichkeit. Pool, Restaurant, Garten mit großen Terrassen. *40 Zi. | Fekete út 1 | Tel. 34/58 61 14 | Fax 48 79 27 | www.gottwald.hu | €*

FREIZEIT & SPORT

Der *Old Lake Golf Club (Remeteségpuszta | Tel./Fax 34/58 76 20 | www.*

Majestät in Stein: die einst königliche Burg der „Wasserstadt" Tata

oldlakegolf.com) ist ein Par-71-Turnierplatz. Unterricht in der „Porsche Golf Academy".

3 km von der Stadtmitte liegt das *Fényes-Bad (1. Mai–15. Sept. | Vízípark | ausgeschildert | Tel. 34/58 81 44 | Fax 48 12 08 | www.fenyesfurdo.hu)* in einem Naturschutzgebiet. Mit Camping und Bungalowanlage.

AUSKUNFT

Tourinform | Ady Endre út 9 | Tel./Fax 34/58 60 45 | tata@tourinform.hu | www.tata.hu

ZIEL IN DER UMGEBUNG

KOMÁROM **[123 E3]**

Die gewaltige, nahe der Donau gelegene *Monostor-Festung (13. März bis 31. Okt. tgl. 9–17 Uhr | deutschsprachige Führungen Sa 10 Uhr | Dunapart 1 | Tel./Fax 34/54 05 82 | ab 16 Uhr 34/34 19 68 | www.fortmonostor.hu)* wurde in den Jahren 1850–71 zum Schutz von Wien errichtet. In der Anlage mit Museum und Café gibt es von Juni bis Sept. Programme (Operngalas, Reitertage). Das *Thermalbad (tgl. 9–19 Uhr | Táncsics Mihály utca 34–36)* bietet z.B. sechs Badepools, ein Erlebnisbecken, eine Schwimmhalle und Therapien. *20 km von Tata*

VESZPRÉM

[123 E5] Die „Stadt der Königinnen", auf fünf Hügeln erbaut, besticht durch das weithin sichtbare Burgviertel und ein reges Kulturleben. Gegründet wurde sie von König Stephan im 11. Jh. als Bischofssitz. Seine Gemahlin Gisela war die erste Herrscherin, die in Veszprém residierte. Vom 14. Jh. bis zur Türkeneroberung (1552) war Veszprém durch die Bischöfe und die Präsenz der jeweiligen Herrscherin ein geistiges und weltliches Zentrum der Macht. Ihr barockes Gesicht verdankt die Stadt (60 000 Ew.) dem am Anfang des 18. Jhs. begonnenen Wiederaufbau.

SEHENSWERTES

BURGVIERTEL (VÁRNEGYED) ★

Das kleine, vollständig restaurierte Burgviertel auf der Hügelhöhe hat viel historischen Charme. Ausgangspunkt für die Besichtigung ist der *Óváros tér.* Von dort geht es hinauf. Beim Burgtor steht der *Feuerturm (Tűztorony)* von 1814 mit einer Aussichtsterrasse. Die weiteren Sehenswürdigkeiten liegen entlang der kleinen *Burggasse (Vár utca).* Gleich vorn, in einem hübschen Innenhof, ist die *Modern-Képtár-Galeria (Vár utca 3 | tgl. 10–18 Uhr)* einen Besuch wert. Etwas versteckt in einem Hof (auf der linken Seite) liegt das *Ziegelmuseum (Téglamúzeum | Di–So 10–18 Uhr | Vár utca 29),* zu dem es in einen schönen Gewölbekeller hinunter geht. Die kulturhistorischen Glanzlichter sind das *Bischöfliche Palais (Érseki Palota | Vár utca 16),* ein Juwel von 1765 im Zopfstil, die wunderbare frühgotische *Gisela-Kapelle (Gizella kápolna | Vár utca 18)* von 1230 und der *Dom St. Michael (Szent Mihály Székesegyház | Vár utca 18–20)* mit einer über 1000-jährigen Geschichte. Am hinteren Ende stehen die Statuen des Königspaars Stephan und Gisela. Von hier aus hat man einen wunderbaren Ausblick.

Insi Ti

KÖNIGIN-GISELA-MUSEUM (GIZELLA KIRÁLYNÉ MÚZEUM)

Das wertvollste Exponat des Kirchenkunstmuseums ist ein golddurchwebtes Messgewand aus dem Jahr 1480. *Mai–Aug. 9.30–17.30 Uhr | Vár utca 35*

ESSEN & TRINKEN

TAPÓ

Mit Blick auf den Burgberg sitzt man unter Gewölbedecken in geschmackvollem Landhausdesign mit einigen Afrika-Akzenten. Ungarische Küche. *Patja utca 19 | Tel. 88/59 14 50 | www.tapo.hu* | €€

ÜBERNACHTEN

OLIVIA

In der historischen Innenstadt, mit italienischem Charme; auch ein gutes Restaurant mit Grillgarten. *11 Zi. | Buhim utca 14–16 | Tel./Fax 88/40 38 75 | www.olivia.hu* | €€

AUSKUNFT

Tourinform | Vár utca 4 | Tel./Fax 88/40 45 48 | www.veszprem.hu

ZIELE IN DER UMGEBUNG

HEREND [123 D5]

Die 1826 gegründete *Porzellanmanufaktur* machte den Namen Herend weltweit berühmt. Sie können dort Malern bei der filigranen Arbeit zuschauen und einzigartige Museumsstücke besichtigen *(im Sommer tgl. 9–16.30, im Winter Di–Sa 9–15.30 Uhr | Kossuth Lajos utca 140 | www.herend.com)*. Im eleganten Restaurant und Kaffeehaus *Apicius (Tel. 88/52 32 34 | €€€)* essen die Gäste von kostbarem Herend-Porzellan. *16 km nordwestlich von Veszprém*

ZIRC [123 E4–5]

Wie bedeutend die *Zisterzienserabtei* von 1182 einmal war, zeigt sich noch immer an den Ausmaßen des Klosters. *Die Kirche (Mo–Sa 9–17, So 11–17 Uhr)* wurde 1750 im spätbarocken Stil umgebaut. Franz Anton Maulbertsch malte das Bild des Hochaltars. Ein Schmuckstück ist die kostbare *Bibliothek* im Stiftsgebäude *(Di–So 10–12 und 14–16 Uhr)*. Wenige Autominuten nordwestlich von Zirc liegt in freier Natur, nahe dem höchsten Bakony-Berg Kőris (709 m), das *Hotel Szépalma (34 Zi. | Porva-Szépalma | Tel. 88/46 88 88 | Fax 46 88 89 | www.szepalma.hu | €€)* mit gutem Restaurant. Das Anwesen war einst ein Gestüt der Grafen Esterházy. *15 km von Veszprém*

Die Bibliothek der Zisterzienserabtei Zirc

> URLAUBSOASE UNGARISCHES MEER

Badefreuden und Csárda-Romantik, Vulkane, Yachthäfen und traditionsreiche Weindörfer

> Für die Ungarn ist der Balaton, auf Deutsch Plattensee, ihr „Ungarisches Meer". Mit 77 km Länge, 196 km Uferlinie und 598 km^2 Wasserfläche ist er der größte See Mitteleuropas.

Mit seinen vielen Yachthäfen, den Stränden, Strandbädern, dem Kite- und Surfangebot bietet der See Urlaubsvergnügen für Besucher aller Altersgruppen. Ausführliche Informationen finden Sie im Marco Polo Reiseführer „Plattensee".

Bild: Balaton

BALATON-FÜRED

[129 E1] **Das balatonnahe Kurzentrum dieses Städtchens (15 000 Ew.) erstrahlt wieder in voller historischer Schönheit.** Der Gyógy-Platz öffnet sich zum See hin und mündet in eine Platanenallee mit Panoramablick, die *Rabindranath-Tagore-Promenade (Tagore sétány)*. An der *Zákonyi utca* bietet eine

BALATON

sider
pp

kleine Piazza mit Café am schilfgesäumten See südliches Flair.

ESSEN & TRINKEN

BERGMANN CUKRÁSZDA

Die Kuchen in diesem Café sind die besten am Balaton. *Zsigmond utca 1 | Tel. 87/48 27 63*

BORCSA

Ein Restaurant in bester Lage an der Seepromenade. Auf der Karte stehen vor allem Grillgerichte. *Tagore sétány | Tel. 087/58 00 70 | www.borcsaetterem.hu* | €€

ÜBERNACHTEN

SILVER RESORT

Diese Hoteloase liegt direkt am See – mit Yachthafen, Wellnesscenter, Restaurant und Panoramaterrasse. *81 Zi., Apartments, Suiten | Zákonyi utca 4 | Tel./Fax 87/48 00 57 | www.silverresort.hu* | €€€

FREIZEIT & SPORT

Ein Hit bei Erwachsenen und Kindern ist der *Annagora Aquapark. An der Straße 71 | www.annagora.com*

AUSKUNFT

Tourinform | Kisfaludy utca 1 | Tel. 87/58 04 80 | Fax 58 04 81 | balatonfured@tourinform.hu

Kurgesund: Héviz besitzt den größten Thermalwassersee der Welt

KESZTHELY

[128 C2] Das wunderschöne Städtchen (23 000 Ew.) liegt im äußersten Westen des Balaton. Mittelpunkt sind die vollständig restaurierte Innenstadt und das prächtige Schloss Festetics.

SEHENSWERTES

BALATON-MUSEUM (BALATONI MÚZEUM)

Interessante Ausstellung zur Geschichte des Sees. *April–Okt. Di–So 10–18 Uhr, Nov.–März Di–Sa 10 bis 17 Uhr | Múzeum utca 2 | Eingang Kossuth Lajos utca*

SCHLOSS FESTETICS (FESTETICS KASTÉLY ÉS) ★

Mit dem Bau begann der Geheimrat Kristóf Festetics 1745. Sein heutiges, prachtvolles Gesicht verdankt das Schloss dem von Tasziló Festetics 1883–87 veranlassten Ausbau. Im historischen Weinkeller werden 1500 Weine der besten ungarischen Winzer präsentiert. Wer an der Kasse ein Ticket kauft (ca. 10 Euro), kann bis zu 40 Weine verkosten. *Schlossmuseum Helikon (Helikon Kastélymúzeum) Di–So 10–18 Uhr | Kastély utca 1*

ESSEN & TRINKEN

VADASKERT CSÁRDA

Wild- und Fischgerichte spielen eine Hauptrolle auf der Speisekarte. Die

Csárda (mit Terrasse) liegt direkt am Wald. *Im Ortsteil Kertváros | Hévízi út | Tel. 83/31 27 72 | www.vadaskertcsarda.hu | €€*

ÜBERNACHTEN

HELIKON

Direkt am Balaton gelegenes Sport- und Familienhotel mit eigener Strandinsel. *232 Zi. | Balatonpart 5 | Tel. 83/88 96 00 | Fax 88 96 09 | www.danubiusgroup.com/helikon | €€*

FREIZEIT & SPORT

Das größte Sportangebot hat der *Városi-Strand* an der Promenade *Csík Ferenc sétány*.

AUSKUNFT

Tourinform | Kossuth utca 28 | Tel./Fax 83/31 41 44 | www.west-balaton.hu

ZIELE IN DER UMGEBUNG

BADACSONY ★ **[129 D2]**

Wie ein Göttersitz steht der Basaltbrocken Badacsony am See (15 km östlich von Keszthely). Vom Hafen in dem kleinen, gleichnamigen Ort geht es zwischen Weinstöcken aufwärts. Einen schönen Blick über den bekannten Weinort haben Sie von der Terrasse des Restaurants *Kisfaludy ház (Szegedy Róza utca 87 | €€€)*.

HÉVÍZ ★ **[128 C2]**

Der rund 45 000 m^2 große Thermalwassersee ist die Attraktion des bekannten Kurorts (6100 Ew.). Zugang zum Seebad *Tófürdő: Dr. Schulhof Vilmos sétány 1 (im Sommer 8.30 bis 18 Uhr, im Winter 9–17 Uhr)*. Ein klassisches Wellnesshotel mit neuem Erlebnisbad ist das *Danubius Health Spa Resort (210 Zi. | Kossuth Lajos utca 9–11 | Tel. 83/88 94 03 | Fax 88 94 02 | www.danubiushotels.com/heviz | €€)*. Richtung Weinviertel (1000 m vom Bad) liegt *Anett's Villa (Kodály Zoltán utca 61 | Tel. 83/34 01 44 | Fax 34 01 44 | www.heviz.hu/anettsvilla | €)* mit sechs Apartments. Im Ortsteil *Egregy*, dem Weingürtel, gibt es gute Hausmannskost im Weinrestaurant *Marienhof (April–Okt. | Dombföldi út | Tel. 30/545 58 49 | €). 3 km nordwestlich von Keszthely*

SIÓFOK

[129 F2] Die Stadt (25 000 Ew.) ist schon von weitem an ihrem Wahrzeichen, dem 45 m hohen Wasserturm, zu erkennen. Der nahe dem Turm gelegene *Szabadság tér* ist ein kleines Imre-Varga-Freiluftmuseum. Der international angesehene Bildhauer wurde in Siófok geboren. Auf dem Platz ste-

MARCO POLO HIGHLIGHTS

★ Schloss Festetics
Das drittgrößte Schloss Ungarns (Seite 56)

★ Hévíz
Der Kurort am einzigartigen Thermalwassersee (Seite 57)

★ Badacsony
Berühmter Weinberg und Urlaubermagnet (Seite 57)

★ Tihany
Die Halbinsel ist eine Perle des Balaton (Seite 59)

hen sechs Skulpturen des Künstlers. Im Sommer ist Siófok der lebhafteste Ort am Balaton. Zur attraktiven Partymeile mit Restaurants und Bars wurde die neu gestaltete Promenade Insider Tipp ▶▶ *Petőfi sétány* zwischen Jókai-Park und Kinizsi Pál utca.

ÜBERNACHTEN

AZÚR

Elegante Hotelanlage am Seeufer. Badelandschaften, Kinder- und Wellnessprogramme. *220 Zi. | Erkel Ferenc utca 2/C | Tel. 84/50 14 00 | Fax 50 14 27 | www.hotelazur.hu* | €€€

Schön anzusehen: die reetgedeckten Höfe auf der Halbinsel Tihany

ESSEN & TRINKEN

CSÁRDÁS

Restaurant mit typisch ungarischem Flair. *Fő utca 105 | Tel. 84/31 06 42 | www.restaurantguide.hu/csardas* | €€

Insider Tipp **MALA GARDEN**

Hier summieren sich die Toplage am Balaton, die mediterran-asiatische Küche und die Innenarchitektur zu einer eleganten und doch entspannten Atmosphäre. *Petőfi sétány 15/a | Tel. 84/50 66 87 | www.malagarden.hu* | €€

KENTAUR

Zweistöckige Hotelanlage im Landhausstil. *25 Zi. | Akácfa utca 1 | Tel./Fax 84/35 00 01 | www.hotels.hu/kentaur-siofok* | €€

FREIZEIT & SPORT

Sehr beliebt ist der *Große Strand (Nagystrand)*, eine schöne Atmosphäre hat der kleine Insider Tipp *Sóstói-Strand*, der wie eine Halbinsel in den See hineinragt *(www.balaton-beach.com)*.

Thermal- und Erlebnisbad Galérius: tgl. 9–21 Uhr | Szent László utca 183 | www.galerius-furdo.hu

AM ABEND

Insider Tipp: Sommerevents wie Musicals und Tanzperformances finden auf der *Freilichtbühne im Jókai-Park* statt. Partyfreaks zieht es in den Diskotempel ▶▶ *Palace Club (Siófok-Ezüstpart)*. Partymagnet am Petőfi-Strand ist das *Coca Cola Beach House*.

AUSKUNFT

Tourinform | Víztorony (im Wasserturm) | Tel. 84/31 53 55 | Fax 31 01 17 | www.siofokportal.com

TIHANY

[129 E2] ★ Die Halbinsel (1800 Ew.) mit ihren denkmalgeschützten Fischerhäusern und reetgedeckten Höfen ragt 5 km in den See hinein. Sie ist 12 km² groß und steht unter Naturschutz. Eine Besonderheit sind die beiden Kraterseen. Der *Innere See (Belső-tó)* liegt 25 m über dem Balaton und ist ein ideales Angelrevier. Am *Äußeren See (Külső-tó)* leben viele seltene Vögel.

SEHENSWERTES

ABTEIKIRCHE (TIHANY APÁTSÁG)

Barocke Kirche (1740–54) mit reicher Innenausstattung. Das Kloster gründete König András I. Sein Grab von 1060 ist der einzige erhaltene Teil der Urkirche. *I. András tér*

FREILICHTMUSEUM (SKANZEN)

Zu sehen sind u. a. das Haus der Fischerzunft und ein Töpferhaus. *Di–So 10–18 Uhr | Batthyány Lajos utca 20*

ESSEN & TRINKEN

Insider Tipp: CAFÉ TIHANY ▶▶

Das Café liegt direkt neben der Fähre und bietet (ab 8 Uhr) eine frische mediterrane Küche von Pizza und Pasta bis Lachssteak. *Rév utca 1 | Tel. 85/56 09 30 | www.cafetihany.hu | €*

REGE CUKRÁSZDA

Mit einzigartigem Blick von der Caféterrasse. *Kossuth Lajos utca 22 | Tel. 87/44 82 80 | €€*

ÜBERNACHTEN

CLUB TIHANY

Strandhotel mit einem großen Sportzentrum, eigener Thermalquelle, Kur- und Beautyzentrum. *330 Zi., 160 Bungalows | Rév utca 3 | Tel. 87/53 85 00 | Fax 44 80 83 | www.clubtihany.hu | €€–€€€*

AUSKUNFT

Tourinform | Kossuth Lajos utca 20 | Tel./Fax 87/44 88 04 | tihany@tourinform.hu

> LOW BUDGET

> Mit der *Mix Card* für Bahn und Schiff (in Häfen, an Bahnhöfen) können Sie einen Tag lang am und auf dem See fahren, z. B. per Bahn von Siófok nach Fonyód, von dort mit dem Schiff nach Badacsony usw. *2700 Ft., Kinder 1500 Ft. (mit Fahrrad) | Familien 5300 Ft. (nur ohne Fahrrad möglich)*

> Die *Fachhochschule für Tourismus* in Siófok ist ein sehr schön restaurierter Villenbau direkt am See und war einst das beste Hotel der Stadt. Heute wohnen Sie im schlichten, gut renovierten Studentenwohnheim (alle Zimmer mit Bad) für 10–16 Euro pro Person im Doppelzimmer. *Siófok Város Kollégiuma | Petőfi sétány | Tel. 84/31 22 44 | Fax 51 04 22*

> EINE LANDSCHAFT, DIE VERZAUBERT

Berge und Burgpaläste, zauberhafte Städtchen, Kunst und viel Geschichte

> Natur und Kultur verbinden sich im Donauknie zu einer einzigartigen Symbiose. Einen entscheidenden Beitrag zum Liebreiz der Region leistet die Donau.

Der Fluss wendet sich nahe Esztergom aus der West-Ost-Richtung nach Süden und dann gleich wieder nach Osten, um bei Visegrád gen Norden und schließlich erneut nach Süden zu strömen. Gesäumt wird das Flussbett von Hügellandschaften wie dem Börzsöny-Gebirge und den Pilis-Bergen. Bis zur ersten Donauschleife bei Vác sind es vom Stadtzentrum Budapests etwa 40 km.

BUDAPEST

KARTE IN DER HINTEREN UMSCHLAGKLAPPE

[124 B5] Auf der einen Seite das hügelige Buda mit Burgberg und Fischerbastei, auf der anderen das flache Pest mit dem Parlament, dazwischen die Donau und ihre

Bild: Donauknie

DONAU KNIE

Brücken – Budapest ist eine so großartige wie großartig gelegene Stadt. Sein eklektizistisch geprägtes Gesicht verdankt Budapest einem unvergleichlichen Bauboom im 19. und 20. Jh. Trotz ihrer fast 2 Mio. Einwohner erleben Besucher die Stadt als überschaubar und kompakt, denn die wichtigsten Sehenswürdigkeiten liegen nah beieinander auf dem Burgberg und in der gegenüberliegenden Pester Innenstadt.

Ausführliche Informationen finden Sie im MARCO POLO Reiseführer „Budapest".

SEHENSWERTES

ANDRÁSSY ÚT [U C–E 2–4]

Die „Champs-Elysées" von Budapest gehören zum Welterbe der Unesco. Der Prachtboulevard, 1886 vollendet, öffnet sich vom schönen Oktogon-Platz an von 34 m auf 45 m Breite.

BURGPALAST (BUDAVÁRI PALOTA) [U B4–5]
Der erste, später völlig zerstörte Königssitz wurde im 13. Jh. errichtet. Im Jahr 1715 begann der Bau eines barocken Palastes. Nach den Zerstörungen im Zweiten Weltkrieg erhielt der Palast ein neobarockes Gesicht. Er beherbergt die Nationalbibliothek und verschiedene Museen. *Szent György tér*

Standpunkt für ein phantastisches Donaupanorama: die Fischerbastei

FISCHERBASTEI (HALÁSZBÁSTYA) ★ [U A4]
Das Treppen- und Bastei-Ensemble wurde 1899–1906 auf den Mauern einer mittelalterlichen Befestigungsanlage errichtet. Der Name rührt daher, dass einst die Fischerzunft für die Verteidigung dieses Teils der Burgmauer zuständig war. *Szentháromság tér*

GELLÉRTBERG (GÉLLERTHEGY) [U B6]
135 m hoch liegt der Hügel mit der Freiheitsstatue über dem Budaer Donauufer. Von der Zitadelle auf der Kuppel hat man den weitesten Blick über die Stadt. *Szirtes út | Citadella sétány*

HAUS DER UNGARISCHEN SEZESSION (MAGYAR SZECESSZIÓ HÁZA) [U C3]
Insider Tip
Das Bedő-Haus von 1903 ist inklusive Einrichtung ein Jugendstil-Gesamtkunstwerk und wurde zu einem wunderbaren privaten Museum. *Di bis Sa 10–17 Uhr | Honvéd utca 3 | www.magyarszecessziohaza.hu*

HELDENPLATZ (HŐSÖK TERE) [U E2]
Das Millenniumsdenkmal auf dem Heldenplatz wurde aus Anlass des tausendsten Jahrestages der Landnahme von 896 in Auftrag gegeben. Seine 21 Statuen erzählen die Geschichte des Landes.

KUNSTGEWERBEMUSEUM (IPARMŰVESZETI MÚZEUM) [U D6]
Das Gebäude ist ein Meisterwerk des Jugendstils. In der Ausstellung werden Möbel, Textilien, Keramiken, Glaskunst und anderes Kunsthandwerk gezeigt. *Di–So 10–17.30 Uhr | Üllői út 33–37 | www.imm.hu*

KUNSTHALLE (MŰCSARNOK) UND MUSEUM DER BILDENDEN KÜNSTE (SZÉPMŰVESZETI MÚZEUM) [U E2]
Die klassizistischen Bauwerke am Heldenplatz wurden 1895 bzw. 1906

fertiggestellt. Die Kunsthalle zeigt wechselnde Ausstellungen zur Gegenwartskunst. Das Museum der Bildenden Künste beherbergt ständige Sammlungen (Antikensammlung, alte und moderne Skulpturen, Galerie des 20. Jhs., Grafiksammlung), die bedeutendste ist die Galerie der Alten Meister.

Kunsthalle Di, Mi, Fr–So 10 bis 18 Uhr, Do 12–20 Uhr | www.mucsarnok.hu | Museum der Bildenden Künste Di–So 10–17.30 Uhr | www.szepmuveszeti.hu | Hősök tere

MARGARETENINSEL (MARGIT SZIGET) [U B1–2]

Die 2,5 km lange und 500 m breite Donauinsel ist ein Erholungs- und Erlebnispark mit Hotels, Open-Air-Bühne, Hallen- und Freibad und einer Klosterruine.

MATTHIASKIRCHE (MÁTYÁS TEMPLOM) [U A4]

In dieser neoromanischen Königskirche wurde 1867 das österreichische Kaiserpaar Franz Joseph und Sisi gekrönt. *Szentháromság tér*

OPER (OPERAHÁZ) [U C–D4]

Prachtbau (1875–84) von Miklós Ybl. Der Theatersaal besticht durch seine üppigen Vergoldungen, die prachtvollen Lüster und Wandmalereien. *Andrássy út 20 | www.opera.hu*

PARLAMENT (ORSZÁGHÁZ) [U B3]

1885–1902 waren täglich rund 1000 Menschen mit dem Bau befasst. Er ist 268 m lang und bis zu 118 m breit. Architekt Imre Steindl schuf damit den Eklektizismus schlechthin. Nur im Rahmen von Führungen zu besichtigen. *Auf Deutsch Mo–Sa 11 und 15 Uhr, So 11 Uhr, auf Englisch tgl. 10, 12 und 14 Uhr | für EU-Bürger bei Vorlage des Personalausweises kostenlos | Kossuth Lajos tér | Tel. 1/441 49 04 | www.parlament.hu*

STADTWÄLDCHEN (VÁROSLIGET) [U F2–3]

Im großen Stadtpark gibt es u. a. den *Zoologischen Garten (Mai–Aug. tgl. 9–19 Uhr, sonst bis 17 Uhr),* den Vergnügungspark *Vidámpark (April bis Sept. tgl. 10–20 Uhr | www.vidampark.hu),* das *Széchenyi-Thermalbad*

MARCO POLO HIGHLIGHTS

★ **Fischerbastei**
Schönster Aussichtspunkt in Budapest (Seite 62)

★ **Schloss Gödöllő**
Das Lieblingsschloss der Kaiserin Sisi (Seite 65)

★ **Basilika Mariä Himmelfahrt**
Das Gotteshaus in Esztergom mit Bakócz-Kapelle und Schatzkammer ist ein Muss (Seite 65)

★ **Fő tér von Szentendre**
Hauptplatz mit Blick auf die Architektur- und Kunstschätze der Stadt (Seite 67)

★ **König-Matthias-Palast**
Der prunkvollste Königshof des 15. Jhs. ist in Visegrád zu sehen (Seite 70)

★ **Dom von Vác**
Barocker Prachtbau mit wertvollen Fresken (Seite 71)

und die *Eislaufbahn (Nov.–März Mo bis Fr 9–13 und 16–20, Sa, So 10–14 und 16–20 Uhr | Olof Palme sétány).*

STEPHANSBASILIKA (SZENT ISTVÁN BAZILIKA) [U C4]
Die größte Kirche der Stadt mit 8500 Plätzen und der 96 m hohen Kuppel ist ein 1851–1905 entstandener Neorenaissancebau. *Bajcsy-Zsilinszky út*

UNGARISCHES NATIONALMUSEUM (MAGYAR NEMZETI MÚZEUM) [U D5]
Eine Perle des Klassizismus mit großer Freitreppe. Hauptausstellung: die Geschichte Ungarns. *Di–So 10 bis 18 Uhr | Múzeum körút 14–16 | www.hnm.hu*

VÁCI UTCA [U C5–6]
Diese Shoppingmeile ist Fußgängerzone. Ursprünglicher als der obere Abschnitt ist der Teil zwischen *Szabad sajtó út* und *Fővám tér.*

ESSEN & TRINKEN

KAFFEEHÄUSER UND CAFÉS
Neben den traditionellen Kaffeehäusern wie *Gerbeaud (Vörösmarty tér 7 | www.gerbeaud.hu)*, *Centrál (Károlyi Mihály utca 9 | www.centralkavehaz.hu)* [U C5] und dem blendend schönen *New York (Erzsébet körút 9–11)* [U D4] tragen die modernen Cafés viel zum Hauptstadtambiente bei. Die besten Cafészenen sind der *Liszt Ferenc tér* [U D4] und die *Ráday utca (Soul | Nr. 11–13)* [U D6].

BAGOLYVÁR [U E2]
Hier essen Sie gute ungarische Hausmannskost. Das Restaurant im Stadtwäldchen gehört zur Gundel-Familie. *Állatkerti út 2 | Tel. 1/468 31 10 | www.bagolyvar.com | €€*

GERLÓCZY [U C5]
Charmantes Caférestaurant, mittags gibt es günstige Menüs (Mo–Do 12

Im Dorf Hollókő wird die Tradition der Palozen gepflegt

bis 15 Uhr). *Gerlóczy utca 1 | Tel. 1/235 09 53 | www.gerloczy.hu | €€*

RIVALDA [U B4]
Auf dem Burgberg. Feine Küche und eine gepflegte, aber nicht steife Atmosphäre. Im Sommer wird nebenan, im Hof eines Klosters, ein Café betrieben. *Színház utca 5–9 | Tel. 1/489 02 35 | www.rivalda.net | €€*

TOM GEORGE [U C4]
Asiatische, japanische und moderne lokale Küche, wie z. B. Entenbrust im ungarischen Stil. *Október 6. utca 8 | Tel. 1/266 35 25 | €€€*

ÜBERNACHTEN

CENTRUM IBIS [U D6]
Zentrale Lage mit Komfort zu moderatem Preis. *126 Zi. | Ráday utca 6 | Tel. 1/456 41 00 | Fax 456 41 16 | www.ibis-centrum.hu | €€*

DOMINA HOTEL FIESTA [U C4]
Modernes Design hinter historischer Fassade, auch Familienapartments, Restaurant (abends Zigeunermusik). In der Király utca (mit vielen Designgeschäften). *112 Zi. | Király utca 20 | Tel. 1/328 30 00 | Fax 266 60 24 | www.dominafiesta.com | €€€*

AUSKUNFT

Tourinform | Deák tér/Sütő utca | Tel. 1/438 80 80 | Fax 318 90 59 | www.budapestinfo.hu [U C5]

ZIELE IN DER UMGEBUNG

HOLLÓKŐ [124 C3]
Das malerische Palozen-Dorf (450 Ew.) zählt zum Unesco-Welterbe. Ein erster Anziehungspunkt ist die *Burgruine* mit Blick über die Cserhát-Hügel. Besondere Schmuckstücke im Dorf sind die kleine *Kirche,* das *Museum (Kossuth út 82)* und das *Weberhaus (Kossuth út 94).* Saison ist von April bis Oktober. Außerhalb der Hochsaison geht es sehr ruhig zu. *90 km von Budapest*

SCHLOSS GÖDÖLLŐ (KIRÁLY KASTÉLY) ★ [124 C5]
Das Barockschloss war das Lieblingsschloss der österreichischen Kaiserin Elisabeth (Sisi). Es wurde 1775 gebaut und 1867 Franz Joseph I. und Sisi, König und Königin von Ungarn, überlassen. *April–Okt. tgl. 10–18 Uhr, sonst bis 17 Uhr | www.kiralyikastely.hu | 30 km östlich von Budapest*

ESZTERGOM

[124 A4] **Reisenden aus Richtung Visegrád bieten Donauschleife und Burgberg mit der mächtigen Basilika einen großartigen Anblick.** Die schönste Annäherung an Esztergom (30 000 Ew.), auf Deutsch Gran genannt: Parken Sie am *Szent István tér.* Nehmen Sie von dort aus aber nicht die Treppe zur Basilika, sondern gehen Sie einige Schritte zurück und folgen Sie der Straße nach oben. Esztergom, die frühere Königspfalz und erzbischöfliche Residenz, ist im Bewusstsein der Menschen die Wiege der ungarischen Nation und war 250 Jahre lang Königsresidenz.

SEHENSWERTES

BASILIKA MARIÄ HIMMELFAHRT (FŐSZEKESEGYHÁZ) ★
Das monumentale klassizistische Gotteshaus, rund 118 m lang und 48 m breit, wurde über einen Zeit-

raum von fast 50 Jahren (1822 bis 1869) errichtet. Es ist die größte Kirche in Ungarn. Die 100 m hoch aufragende Mittelkuppel hat einen Durchmesser von 35 m. Zur Einweihung des Doms 1856 komponierte Franz Liszt die „Graner Festmesse“. Die *Bakócz-Kapelle* im Innern der Basilika wurde 1506–11 von italienischen Meistern geschaffen. In der *Schatzkammer* sind einzigartige Kunstschätze zu sehen, z. B. Gewänder und liturgische Gegenstände seit der Karolingerzeit. *Tgl. (Schatzkammer Di bis So) 8–16 Uhr | Szent István tér*

Insider Tipp

BURGANLAGE/BURGMUSEUM

Diese Museumsanlage neben dem Dom umfasst eine restaurierte Burg und den einstigen Königspalast. Das Areal ging im Mittelalter in den Besitz der Kirche über, deren oberste Repräsentanten ebenso luxuriös residierten wie die weltlichen Herrscher. Die einstigen Empfangsräume des Erzbischofs zieren prächtige Wandgemälde der Frührenaissance. Eines der Kunstwerke entpuppte sich als Sensation: Es ist ein Fresko des italienischen Großmeisters Sandro Botticelli (1444–1510). *Di–Fr 11–16, Sa, So 10–18 Uhr | Szent István tér*

CHRISTLICHES MUSEUM (KERESZTÉNY MÚZEUM)

Hervorragende Kunstsammlung im einstigen Palais des Primas von Ungarn (u. a. mittelalterliche Tafelbildmalerei, Bildhauerei, Werke italienischer Meister und Gobelins). *Di–So 10–18 Uhr | Berényi Zsigmond utca 2*

Insider Tipp

DONAUMUSEUM (DUNA MÚZEUM)

Wie werden Flüsse beherrscht und reguliert? In diesem Museum in einem denkmalgeschützten Gebäude aus dem 18. Jh. können Sie per Knopfdruck raffinierte technische Modelle selbst bedienen. *Kölcsey Ferenc utca 2 | Mai–Okt. Mo, Mi–So 10–18 Uhr, Nov.–April bis 16 Uhr | www.dunamuzeum.org.hu*

RUNDKIRCHE (KEREK TEMPLOM ST. ANNA)

Entworfen wurde das beeindruckende, 1828–37 entstandene Bauwerk mit Säulenportal vom Dombaumeister Johann Pákh. *Rudnay tér | an der Straße nach Dorog*

SZÉCHENYI TÉR

Rund um den alten Marktplatz liegt die Bürgerstadt aus dem 18./19. Jh. Das *Haus Nr. 25* war 200 Jahre lang eine Apotheke. Eine architektonische Perle ist das *Rathaus* von 1773.

> LOW BUDGET

- Im *Patak Fogadó* in Visegrád, mit schöner Terrasse, gibt's großzügig bemessene Portionen. Da macht schon die Gulaschsuppe für 3 Euro satt. *Mátyás Király utca 92 | Tel. 26/39 74 86 | www.patakfogado.hu*
- In der *Zentralen Markthalle* (1. Stock) in Budapest essen Sie für 1–2 Euro köstliche *langós* (Fladen aus Hefeteig, z. B. mit saurer Sahne und Käse). *Mo–Sa | Vámház körút 1–3*
- Sehr zentral wohnen Sie im einfachen, aber ansprechend eingerichteten *Easy Hotel* in Budapest (15–26 Euro, Nichtraucher). *Eötvös utca 25/a (nahe Oktogon) | www.easyhotel.com (Buchung übers Internet)*

WASSERSTADT (VÍZIVÁROS)
Kommt man von der Burg, erreicht man die Wasserstadt durch die alten Tortürme. Sie war einst das Zentrum der Geistlichkeit.

FREIZEIT & SPORT

Der *Aquapark (Aquasziget | Primás sziget/Táncsics Mihály utca)* hält tolle Spaß- und Wellnesslandschaften bereit.

Klassizistische Pracht: Kuppel der Basilika Mariä Himmelfahrt in Esztergom

ESSEN & TRINKEN

PRÍMÁS PINCE
In einem beeindruckenden historischen Kellergewölbe wird den Gästen traditionelle ungarische Küche serviert. *Szent István tér 4 | Tel. 33/31 34 95* | €€

ÜBERNACHTEN

ESZTERGOM
In schöner Lage nahe dem Stadtzentrum auf der Prímás-Insel. *36 Zi. | Prímás sziget | Tel. 33/41 25 55 | Fax 41 28 53 | www.hotel-esztergom.hu* | €€

AUSKUNFT

Gran Tours | Széchenyi tér 25 | Tel. 33/50 20 01 | Fax 50 20 00 | www.grantours.hu

SZENTENDRE

[124 B4] **Besucher von Szentendre (20 000 Ew.) stellen das Auto am besten gleich am Donauufer-Parkplatz ab und spazieren zum zentralen Hauptplatz des Städtchens.** Der ★ *Fő tér von Szentendre* liegt unweit der Donaupromenade (Dunakorzó) und ist das Herz der Stadt. Hier steht auch das schmiedeeiserne *Pestkreuz* von 1752. Der Stadtkern ist Fußgängerzone.

Gegründet wurde Szentendre (auf Deutsch St. Andreas) im 11. Jh. als Sanctus Andreas. Als Handelszentrum erlebte die Stadt Ende des 17. Jhs. durch serbische Kaufleute und Handwerker, die nach Szentendre geflüchtet waren, goldene Jahre. Damals gab es sieben orthodoxe Kirchen. Eine neue Blüte erlebte der Ort durch die Ende der 1920er-Jahre gegründete Künstlerkolonie. Von ihrem Schaffen zeugen zahlreiche Künstlermuseen. Die meisten Museen sind von Ende Oktober bis Ende März geschlossen. Während der Saison sind sie meist Di–So 10–18 Uhr geöffnet.

SEHENSWERTES

BÉLA-CZÓBEL-MUSEUM

Zu sehen sind Arbeiten des postimpressionischen Malers Béla Czóbel. *Templom tér 1*

KÁROLY-FERENCZY-MUSEUM

Károly Ferenczy (1862–1917) zählte zu den Kunstrebellen seiner Zeit und zur ersten Garde der modernen ungarischen Malerei. *Fő tér 6*

FREILICHTMUSEUM (SKANZEN)

An der Straße nach Visegrád, 3 km nordwestlich von Szentendre. Auf dem 46 ha großen Gelände sind originale und rekonstruierte Gebäude aus allen Landesteilen aufgebaut. Eine Kostbarkeit ist die *griechisch-katholische Kirche aus Mándok* von 1670. Ausstellung zur Wohn- und Alltagskultur in Ungarn ab Mitte des 18. Jhs. (2300 Stücke). *30. März bis 11. Nov. Di–So 9–17 Uhr | www.skanzen.hu | Sztaravodai út*

KATHOLISCHE PFARRKIRCHE (RÓMAI KATOLIKUS PLÉBÁNIATEMPLOM)

Die Kirche ist das einzige Zeugnis des alten Wehrdorfs St. Andreas und wurde im 18. Jh. von katholischen Kroaten im barocken Stil umgebaut. Vom Kirchplatz aus hat man eine herrliche Aussicht über die Stadt. *Auf dem Burghügel (Templomdomb)*

MARGIT-KOVÁCS-MUSEUM

Die Keramikerin und Bildhauerin Margit Kovács (1902–77) wirkte lange im Ausland und kam 1960 nach Szentendre. In diesem Museum ist ihr Nachlass ausgestellt. *Vastagh György utca 1*

MARIA-VERKÜNDIGUNG-KIRCHE (BLAGOVESTENSKA-KIRCHE)

Das spätbarocke orthodoxe Gotteshaus, gebaut 1752–54, hat eine blendend schöne Bilderwand (Ikonostase). Über dem Seitenportal ist Kaiser Konstantin mit der hl. Helena, seiner Mutter, zu sehen. Gegenüber der Kirche führt die Burgtreppe zum Burghügel. *Fő tér*

PREOBRASCHENSKA-KIRCHE

Im nördlichen Szentendre bauten serbische Bürger um 1746 diese spätbarocke Kirche mit üppigem Dekor. *Bogdányi út*

ESSEN & TRINKEN

PROMENADE

In direkter Donaulage, schön restauriertes Haus aus dem 17./18. Jh. mit Terrasse. Wohltuend überschaubare Speisekarte, Küche und Service liegen deutlich über dem normalen Niveau. *Futó utca 4 | Parkplätze am Donaukorso | Tel. 26/31 26 26 |* €€

Insider Tipp **ÚJ MŰVÉSZ**
„Künstlergarten" nennt sich dieses Restaurant mit mediterraner Küche, zu dem auch ein hübscher Hof gehört. *Dumtsa Jenő utca 7 | Tel. 26/31 14 84* | €

EINKAUFEN

Folk-Art-Geschäfte finden Sie vor allem in den Gassen, die vom Fő tér abgehen. Es lohnt sich, alle Gassen zu erkunden, denn es gibt in Szentendre eine ganze Fülle von Boutiquen und kleinen Antiquitätengeschäften.

ÜBERNACHTEN

MATHIAS REX
Eine gepflegte Hotelpension im historischen Zentrum von Szentendre mit Restaurant in einem Gewölbekeller. *11 Zi. | Kossuth Lajos utca 16 | Tel. 26/50 55 70 | Fax 50 55 73 | www.mathiasrexhotel.hu* | €

AUSKUNFT

Tourinform | Dumtsa Jenő utca 22 | Tel./Fax 26/31 79 65 | szentendre@tourinform.hu

VISEGRÁD

[124 B4] **Der Ort (1600 Ew.) liegt malerisch auf halber Strecke zwischen Szentendre und Esztergom. Die teils steil aufragenden Hügel scheinen geradewegs aus dem Donauufer in den Himmel zu wachsen.** Wer die schöne Lage Visegráds bei einer ersten „Umrundung" mit dem Auto erleben möchte, fährt an der Fährstation auf die Panoramastraße, die hügelaufwärts und dann nach links bzw. oberhalb des Salomon-Turms wieder zur Donau führt.

Die ehemalige Künstlerkolonie Szentendre besitzt immer noch viel Flair

SEHENSWERTES

KÖNIG-MATTHIAS-PALAST (KIRÁLY PALOTA)

Welch prachtvolles Ensemble sich der kunstsinnige König im 15. Jh. gönnte, ist auch nach den Ausgrabungs- und Restaurierungsarbeiten nur zu erahnen: Matthias' Hof war der zu seiner Zeit prunkvollste in Europa, mit rund 350 Räumen und hängenden Gärten. Rote Marmorbrunnen, marmorne Deckenfunde und Fußböden aus kunstvoll bemalter Majolika vermitteln einen Eindruck von der erlesenen Ausstattung. Wegen seiner vier Terrassen wird der Palast auch Terrassenpalast genannt. *Mátyás Király múzeum | Di–So 9 bis 16.30 Uhr | Fő utca 29*

OBERE BURG (FELLEGVÁR)

Die Ruinen zeigen noch den ungleichmäßigen Grundriss der Anlage. Dadurch sollte verhindert werden, dass Feinde den gesamten Komplex erstürmen konnten. 1702 wurde die von König Béla IV. im Jahr 1242 errichtete Burg durch Kriegshandlungen zerstört. *Tgl. 10–16 Uhr*

SALOMON-TURM (SALOMON TORONY)

Das romanische „Hochhaus" (33 m) stammt aus einer Zeit, als man Türme errichtete, um in den oberen Wohnräumen Schutz vor Feinden zu finden. Schöne Ausstellungsstücke des Museums sind Brunnen aus dem Terrassenpalast. *Mai–Sept. Di–So 9 bis 16.30 Uhr | Salomon torony utca*

ESSEN & TRINKEN

PATAK FOGADÓ

In schöner Lage unter Bäumen am Bach (auch 4 Zi.). Ungarische Küche, z. B. Wildgerichte und im Sommer kalte Obstsuppe. *Mátyás Király utca 92 | Tel. 26/39 74 86 | €*

RENAISSANCE

Während der Sommersaison servieren Königsdiener jeden Do 18 Uhr ein Rittermahl. Schauspiel plus Essen sind am Salomon-Turm zu buchen. *Fő utca 11 | Tel. 26/39 80 81 | €€*

WINTERGARTEN-RESTAURANT HOTEL SILVANUS

Insider Tipp

Mit wunderbarem Ausblick essen Sie auf der Terrasse dieses Restaurants hoch oben über der Donau. Es bietet auch bei schlechterem Wetter zur guten Küche beste Aussichten, denn die Frontseite ist komplett verglast. *Fekete-hégy | Tel. 26/39 83 11 | www.hotelsilvanus.hu | €€€*

ÜBERNACHTEN

VISEGRÁD

Hotel in traditionell-modernem Design, anspruchsvolle Ausstattung, an der Donau. *40 Zi. | Rév utca 15 | Tel. 26/39 81 60 | Fax 39 75 97 | www.visegradtours.hu | €€*

FREIZEIT & SPORT

Das *Lepence-Thermal- und Freibad (Lepence-völgy | 1. Mai–15. Sept. | 2 km Richtung Esztergom)* liegt am Berghang. Ein markierter Wanderweg (Insider Tipp) führt durch schönste Landschaft – wie im verwunschenen *Apátkút-Tal* nach *Pilisszentlászlo,* vorbei an einem kleinen Wasserfall und einer Quelle.

AUSKUNFT

Visegrád Tours | Rév utca 15 | Tel. 26/39 81 60 | Fax 39 75 97 | www.visegradtours.hu

ZIELE IN DER UMGEBUNG

NATURSCHUTZGEBIET BÖRZSÖNY-GEBIRGE [124 A–B3]

Wenn Sie in Visegrád mit der Fähre übersetzen, gelangen Sie nach etwa 18 km mitten in die Berglandschaft des Börzsöny-Gebirges, die Teil des Nationalparks Duna-Ipoly ist. In freier Natur auf einem Gipfel liegt das *Szent Orbán Erdei Hotel (31 Zi. | Kóspallag-Nagyírtáspuszta | Tel. 27/37 80 47 | Fax 37 80 45 | www.szentorban.hu | €€)*. Die *Kleinbahn Börzsöny* verkehrt zwischen Nagybörzsöny und Nagyírtáspuszta.

VÁC [124 B4]

Zwischen Szentendre und Visegrád liegt am linken Donauufer die Barockstadt Vác (36 000 Ew.). Sie hat sich den Charakter eines Donaustädtchens aus dem 18./19. Jh. fast unversehrt bewahrt. Ihr Mittelpunkt ist der dreieckige *Platz des 15. März (Március 15. tér)* mit dem spätbarocken ★ *Dom (Székesegyház)* von 1763. Die Fresken in der imposanten Kuppel und das Gemälde des Hauptaltars schuf Franz Anton Maulbertsch. Dem Dom gegenüber liegt das *Erzbischöfliche Palais*. Der 15 m hohe *Triumphbogen* in der *Köztársaság út* wurde anlässlich eines Besuchs der Kaiserin Maria Theresia 1764 errichtet. In der Krypta der *einstigen Kirche der Dominikaner* wurde eine Grabstätte mit mumifizierten Leichen gefunden. Die Funde sind im *Memento Mori (März–Okt. Di–So 10–18 Uhr | Március 15. tér 19)* zu sehen.

Luxus der Renaissance im Königspalast von Visegrád

WO DER HIMMEL DIE ERDE BERÜHRT

Endlose Weite der Puszta und städtische Kleinode mit prächtigen Domen und Jugendstilarchitektur

Die Puszta! Für Ungarnbesucher ist sie die typische ungarische Landschaft und ein romantischer Mythos. Auf Ungarisch heißt dieses Land östlich der Donau *alföld*.

Die Puszta beginnt südlich der Linie Budapest–Debrecen, sie wird im Westen von der Donau, im Osten von Rumänien und im Süden von Serbien und Montenegro begrenzt. Die Verödung des einst waldreichen Landstrichs ist das Resultat des Mongolenansturms im 13. Jh. und der 150-jährigen Türkenherrschaft. Die Menschen flüchteten in befestigte Marktflecken, und das Land verdörrte zur trostlosen Steppe, in der Wanderhirten ein ärmliches Dasein fristeten.

Im 18. und 19. Jh. entwickelten sich einige der Marktflecken zu blühenden Städten, und es entstanden die typischen Puszta-Einzelhöfe *(tanya)*. Heute wird der größte Teil des Landstrichs zur Tierhaltung

Bild: Bugac-Puszta

GROSSE TIEFEBENE

(Gänse, Puten, Rinder, Pferde) und zum Anbau von Gemüse, Obst und Wein genutzt. Ursprüngliche Puszta-Natur überdauerte jedoch in den Nationalparks Hortobágy und Kiskunság.

DEBRECEN

[126 C5] **Ungarns zweitgrößte Stadt (214 000 Ew.) ist das wirtschaftliche und kulturelle Zentrum der Tiefebene.** Die Hochschulen von Debrecen bilden rund 50 000 Studenten aus. In der Geschichtsschreibung spielt die Stadt eine wichtige Rolle, denn sie war zweimal die provisorische Hauptstadt: 1848/49 während des Freiheitskampfes und im Zweiten Weltkrieg als Tagungsort der provisorischen Nationalversammlung. Wes Geistes Kind Debrecen ist, das bezeugt die monumentale Reformierte Kirche am Kálvin tér. Die Stadt bekannte sich bereits 1540 zur Lehre des Reformators Calvin, deren Dominanz Debrecen den Beinamen „Rom des Calvinismus“ einbrachte. Der *Große Wald (Nagyerdő)* ist das Kur- und Erholungsviertel der Stadt, in dem auch die Universität liegt.

Wirtschaftliches und kulturelles Zentrum der Großen Tiefebene: Debrecen

SEHENSWERTES

CSOKONAI-THEATER (CSOKONAI SZÍNHÁZ)

Das glanzvoll renovierte romanische Theater von 1861 ist nach dem Dichter Mihály Csokonai (1773–1805) benannt, dessen Denkmal am Kálvin tér zu sehen ist. *Kossuth Lajos utca 10*

DÉRI-MUSEUM

Das Museum in einem Neoempire-Palais von 1926 geht auf die Sammlung griechischer, römischer, ägyptischer und asiatischer Kunst des Wiener Fabrikanten Frigyes Déri zurück. Ausgestellt sind auch Gemälde des bekannten ungarischen Malers Mihály Munkácsy. *Im Sommer Di–So 10–18 Uhr, im Winter bis 16 Uhr | Déri tér 1*

GROSSE REFORMIERTE KIRCHE (REFORMÁTUS NAGYTEMPLOM) ★

Die Kirche mit 61 m hohen Türmen steht auch für eine große Stunde Ungarns: Hier entthronte der Reichstag am 14. April 1849 die Habsburger und setzte den Freiheitshelden Lajos Kossuth (1802–94) als Staatsoberhaupt ein. Kossuths Lehnstuhl wird noch immer wie eine Reliquie verehrt. 3000 Gläubige haben in der 1807–19 errichteten Kirche Platz. *Kálvin tér*

KLEINE REFORMIERTE KIRCHE (REFORMÁTUS KISTEMPLOM)

Sie ist leicht an ihrem Zinnenkranzturm zu erkennen und wird im Volksmund „Stummelkirche" genannt. *Révész tér*

PIAC UTCA

An dieser zentralen Achse liegen beeindruckende Bauwerke des 19. und 20. Jhs. wie das klassizistische *Rathaus (Nr. 20)* und das Jugendstilhotel *Aranybika (Nr. 11)*.

REFORMIERTES KOLLEGIUM (REFORMATUS KOLLÉGIUM)

Das markante klassizistische Gebäude wurde von 1804 bis 1816 errichtet. Die Bibliothek umfasst über eine halbe Million Bände. Im Museum sind kostbare Abendmahlgefäße zu sehen. *Kálvin tér 16*

ST.-ANNA-KIRCHE (SZENT ANNA TEMPLOM)

Mit dieser barocken, 1746 vollendeten Kirche wollte Bischof Csáky ein katholisches Gegengewicht in der calvinistisch geprägten Stadt setzen. *Szent Anna út 15*

ESSEN & TRINKEN

VÁROSHÁZA

Im gediegen-eleganten Rathausrestaurant wird klassische Ungarn-Küche serviert. *Piac utca 20 | Tel. 52/44 47 67* | €

VIGADÓ

Restaurant in einem klassizistischen Gebäude in schöner Lage im Großen Wald (Nagyerdő), beim Aquaticum-Erlebnisbad. Gute Küche und ein attraktiver Garten. *Nagyerdei park 1 | Tel. 52/51 41 89 | www.aquaticum.hu* | €€

ÜBERNACHTEN

GRAND HOTEL ARANYBIKA

Ein traditionsreiches Jugendstilhotel mit Restaurant und Café. *231 Zi. | Piac utca 11–15 | Tel. 52/50 86 00 | Fax 50 86 02 | www.civishotels.hu* | €€–€€€

KORONA PENSION

500 m vom Zentrum entfernt gelegenes, komfortabel eingerichtetes Haus. *16 Zi. | Péterfia utca 54 | Tel. 52/53 52 60 | Fax 53 52 61 | www.hotels.hu/koronapanzio1* | €

MARCO POLO HIGHLIGHTS

★ **Große Reformierte Kirche**
Das größte calvinistische Gotteshaus Ungarns – in Debrecen (Seite 74)

★ **Hortobágy-Nationalpark**
Faszinierende Puszta-Natur und Hirtenleben (Seite 78)

★ **Dom von Kalocsa**
Beschauliches Städtchen mit großer Vergangenheit: Dom und Domplatz bilden gemeinsam ein prachtvolles barockes Ensemble (Seite 78)

★ **Jugendstil-Rathaus**
Die architektonische Perle der rundum schönen Puszta-Stadt Kecskemét (Seite 80)

★ **Domplatz und Votivkirche**
Beeindruckender Mittelpunkt der Stadt Szeged (Seite 82)

FREIZEIT & SPORT

Im *Großen Wald (Nagyerdő)* liegen das *Thermalbad (tgl. 7–21 Uhr)* mit guten Kureinrichtungen sowie das *Thermal- und Wellnesshotel (96 Zi. | Nagyerdei park 1 | Tel. 52/51 41 00 | Fax 34 68 83 | www.aquaticum.hu | €€€)*. Ein attraktives Erlebnisbad ist das *Aquaticum (tgl. 10–22 Uhr | Nagyerdei park 1 | www.aquaticum.hu)*.

AUSKUNFT

Tourinform | Piac utca 20 | Tel. 52/41 22 50 | Fax 53 53 23 | debrecen@tourinform.hu

HAJDÚSZOBOSZLÓ

[126 B5] Die Silben „Hajdú" zu Beginn eines Ortsnamens weisen auf den Landstrich Hajdúság hin, in dem die kriegerischen Hajduken lebten. Sie führten noch bis ins 19. Jh. ihr militärisch geprägtes Leben. Hajdúszoboszló (23 000 Ew.) hat sich durch die Thermalquelle und den Aquapark zu einem aufstrebenden Kurort entwickelt.

SEHENSWERTES

ISTVÁN-BOCSKAI-MUSEUM

Verschiedene Sammlungen, unter anderem zur Ortsgeschichte, dazu Gemälde, Grafiken und Volkskunst (in drei Häusern). *Di–Sa 9–16 Uhr | Bocskai utca 12*

ESSEN & TRINKEN

KARIKÁS

Restaurant mit ungarischer Küche und hübscher Terrasse. Auch eine Pension (29 Zi.). *Hőforrás utca 27–33 | Tel./Fax 52/35 92 40 | www.karikas.hu | €€*

KEMENCÉS CSÁRDA

In der „Ofen-Csárda" gibt es z. B. Fladenbrot, Ente oder gefülltes Kraut. *Daru-Zug 1 | Tel. 52/36 22 21 | www.kemences.extra.hu | €*

ÜBERNACHTEN

KRISTÁLY

Ein modernes Mittelklassehotel mit Restaurant und gutem Preis-Leistungs-Verhältnis, 150 m vom Bad. *32 Zi. | Bányász utca 41 | Tel./Fax 52/55 77 50 | www.hotelkristaly.hu | €*

KURHOTELS

Zu den Häusern im gehobenen Segment gehören das Hotel *Aqua-Sol (142 Zi. | Gábor Áron utca 7–9 | Tel. 52/27 33 10 | Fax 27 33 40 | www.hunguesthotels.hu | €€€)* mit Badelandschaft und Kurzentrum sowie das *Silver (170 Zi. | Mátyás Király sétány 25 | Tel. 52/36 38 11 | Fax 36 26 39 | www.silverhotel.hu | €€€)*. Das mittelgroße Kurhotel *Mátyás Király (105 Zi. | Mátyás Király sétány 17 | Tel. 52/36 02 00 | Fax 36 19 74 | www.matyashotel.hu | €€)* bietet nach seiner Renovierung auch Superior-Zimmer.

FREIZEIT & SPORT

THERMALBAD UND AQUAPARK

Hajdúszoboszló hat das größte Thermal- und Erlebnisbad Ungarns. Ein großer Spaß ist der Aquapark mit seinen vielen Erlebnismöglichkeiten. *Thermalbad tgl. 9–18 Uhr, Freibad Mai–Sept. 8–19 Uhr (Strandbad) bzw. 10–18 Uhr (Aquapark) | Szent István park utca 1–3*

GROSSE TIEFEBENE

AUSKUNFT

Tourinform | Szent István park 1–3 | Tel./Fax 52/55 89 28 | hajduszoboszlo@tourinform.hu

HORTOBÁGY

[126 B5] Hortobágy (2000 Ew.) verdankt seine Besucherströme einer berühmten Brücke, einer nicht weniger bekannten Csárda und dem Nationalpark. Der Nationalpark gehört zum Unesco-Welterbe und ist Teil der größten zusammenhängenden Grassteppe in Europa.

SEHENSWERTES

NEUNBOGENBRÜCKE (KILENCLYUKÚ HÍD) UND HIRTENMUSEUM (PÁSZTORMÚZEUM)

Die Neunbogenbrücke von 1827 ist mit ihren 167 m die längste Steinbrücke Ungarns. Sie verbindet die beiden Ufer des Hortobágy-Kanals. Die einstige Remise der Hortobágyi Csárda beherbergt das *Hirtenmuseum (im Sommer tgl. 10–18 Uhr | Petőfi Sándor tér 1).*

ESSEN & TRINKEN

HORTOBÁGYI CSÁRDA Insider Tipp

Mit seinem Gedicht „Die Hortobágyer Wirtin“ setzte Ungarns Nationaldichter Sándor Petőfi (1823–49) dem Gasthaus, das 1781 errichtet wurde, ein unvergängliches Denkmal. Auf der Speisekarte der Csárda stehen ausschließlich Biogerichte, beispielsweise mit Fleisch vom Graurind, Büffel, Perlhuhn oder Mangalica-Schwein. *Petőfi tér 1 | Tel. 52/58 93 39* | €€

Ein bisschen wie in alten Zeiten: Csikós in der Puszta

AUSKUNFT

Tourinform | Petőfi Sándor tér 1 | Tel./Fax 52/58 93 21 | hortobagy@tourinform.hu

ZIEL IN DER UMGEBUNG

HORTOBÁGY-NATIONALPARK (HORTOBÁGY NEMZETI PARK) ★ [126 A–B5]

In diesem Nationalpark, dem ersten in Ungarn, stehen 520 km^2 Naturlandschaft unter Schutz. In der Puszta zu Hause waren früher vor allem das ungarische Graurind mit den geschwungenen Hörnern und die Zackelschafe. Im Nationalpark nahe dem Dorf Hortobágy gibt es verschiedene Erlebnisareale, so auch die „Nationale Tierschau" mit vielen alten Haustierrassen. Auf dem Geflügelhof tummeln sich Kupfertruthähne und Perlhühner. Im Nordteil weidet die größte Graurinderherde des Parks. Besonders geschützte Landschaften wie die nahe Hortobágy gelegenen Sümpfe und Fischteiche können auf Lehrpfaden besichtigt werden. Infos, Karten und Tickets gibt es bei Tourinform in Hortobágy. *www.hnp.hu*

Lebensfreude in Farben ausgedrückt: traditionelle Wandmalerei in Kalocsa

KALOCSA

[130 B3] **Die ruhige, beschauliche Kleinstadt (20 000 Ew.) glänzt am Szentháromság-Platz mit barocker kirchlicher Pracht.** Das Erzbistum, 1008 von König Stephan gegründet, war nach Esztergom der zweitwichtigste Bischofssitz. Berühmt ist Kalocsa zudem für seine Paprikafelder und für seine farbenfrohe Volkskunst. So ist auch der Bahnhof von 1882 wunderbar bemalt.

SEHENSWERTES

DOM VON KALOCSA (FŐSZEKESEGYHÁZ) ★

Der mittelalterliche Dom wurde während der Religionskriege zerstört. Die neue barocke Erzbistumskirche entstand in den Jahren 1735 bis 1754. Das Innere schmücken feine Stukkaturen und Barockaltäre. *Szentháromság tér*

ERZBISCHÖFLICHES PALAIS (ÉRSEKI PALOTA)

Diese herrschaftliche Residenz von 1760 schuf Gáspár Oswald. Franz Anton Maulbertsch malte einige der Fresken. Die Bibliothek kann auf

Voranmeldung oder im Rahmen von Gruppenführungen besichtigt werden. *Szentháromság tér*

KÁROLY-VISKI-MUSEUM

Ein lokalgeschichtliches Museum mit verschiedenen Sammlungen (Volkskunst, Mineralien, Münzen, Edelsteine). *April–Okt. Di–So 9–17 Uhr | István király utca 25*

ESSEN & TRINKEN ÜBERNACHTEN

HOTEL KALOCSA

Gute Küche in einem 200 Jahre alten Stadtpalais mit nettem Innenhof. Auch das beste Hotel der Stadt (29 Zi.), mit einem neuen Wellnessbereich. *Szentháromság tér 4 | Tel. 78/56 12 00 | Fax 56 12 12 | www.hotelkalocsa.hu* | €€

EINKAUFEN

HAUS DER VOLKSKUNST (NÉPMŰVÉSZETI HÁZ)

In einem restaurierten Bauernhaus werden die berühmten Stickereien und andere ortstypische Volkskunst gezeigt. *Tompa Mihály utca 5–7 | April–Okt. Mi–Mo 10–16.30 Uhr*

KECSKEMÉT

[131 D2] **Dem heiteren Charme von Kecskemét (109 000 Ew.) kann sich niemand entziehen. Im autofreien Zentrum des Städtchens bieten sich aus jeder Perspektive zauberhafte Ausblicke.** Kirchtürme, orientalisch anmutende Kuppeln, schöne Fassaden und dekorative Giebel: Die besten Architekten des Landes haben hier ihre Spuren hinterlassen, darunter die Großen des Jugendstils.

SEHENSWERTES

CIFRA-PALAST (CIFRA PALOTA)

Der 1902 entstandene „Bunte Palast" mit bunten Dachziegeln und prachtvoller Majolika ist ein Meisterwerk der Sezession. Innen, in der *Kecskeméter Galerie (Di–Sa 10–17, So 13.30–17 Uhr)* mit ihrem renovierten Prunksaal, ist als ständige Ausstellung ungarische Malerei des 19. und 20. Jhs. zu sehen. *Rákóczi út 1*

EVANGELISCHE KIRCHE

Die 1863/64 nach den Plänen von Miklós Ybl errichtete neoromanische Kirche besticht durch ihre klare Schönheit. *Arany János út*

>LOW BUDGET

- In grüner Stadtlage in Debrecen, 300 m vom Aquapark, liegt die Pension *Nádix Panzió* mit 28 Zimmern: Die preiswerten kosten 17–20 Euro pro Person (Frühstück 5 Euro pro Person). Sie können sich jedes einzelne Zimmer auf der Website anschauen. *Bessenyei utca 6 | Tel. 52/53 21 04 | Fax 50 05 49 | www.nadixpanzio.hu*
- Wenn Sie Kecskemét und die Bugac-Puszta besuchen: Im Ort Bugac gibt es im *Haus Geranium* Zimmer für 10 Euro pro Person. *Rákóczi utca 4 | Tel. 76/37 27 33*
- Die Landschaften der Puszta mit ihren Nationalparks und dem Theiß-See sind ein ideales Gebiet für einen familiären Dorfurlaub. Sie finden günstige Angebote unter *www.homokhatsag.hu* (auf das mittlere Segment klicken). Die Häuser- und Zimmerangebote werden auf Englisch vorgestellt.

KECSKEMÉT

GROSSE KIRCHE (NAGYTEMPLOM)
Die Große Kirche in Kecskemét ist die größte spätbarocke Kirche der Tiefebene. Das elegant aufstrebende katholische Gotteshaus (errichtet von 1774 bis 1806) steht in der Nähe des Rathauses. Der 74 m hohe Turm hält herrliche Ausblicke bereit. *Kossuth tér*

MUSEUM DER NAIVEN KÜNSTLER (MAGYAR NAÍV MÜVÉSZEK MÚZEUMA)
Die ständige Ausstellung wie auch die Wechselausstellungen in dem 200 Jahre alten Haus geben einen Überblick über die naive Kunst und die Volkskünstler des Landes. *15. März–Ende Okt. Di–So 10 bis 17 Uhr | Gáspár András utca 1*

Architektonische Schmuckstücke rund um den Kossuth-Platz in Kecskemét

JUGENDSTIL-RATHAUS (VÁROSHÁZA) ★
Eine Perle des ungarischen Jugendstils ist das Kecskeméter Rathaus mit seinen glasierten Dachziegeln und der majolikaverzierten Fassade sowie dem aufstrebenden Giebel (mit dem Ziegenbock-Stadtwappen) und den Türmchen. Das Meisterwerk mit seinen 174 Räumen wurde in den Jahren 1893–97 von den Architekten Ödön Lechner und Gyula Pártos gebaut. *Kossuth tér 1*

ST.-NIKOLAUS-KIRCHE (SZENT NIKLOS TEMPLOM)
Die im 14. Jh. noch gotische Franziskanerkirche wurde im 17. Jh. im barocken Stil umgebaut. *Kossuth tér 5*

SYNAGOGE (ZSINAGÓGA)
Orientalisches Flair verbreitet die Synagoge, heute das *Haus der Wissenschaft und Technik (Tudomány és Technika Háza)*. Das Gebäude wurde 1856–71 im maurisch-romanischen Stil errichtet. *Rákóczi út 2*

> www.marcopolo.de/ungarn

THEATER JÓZSEF KATONA

Das prächtige neobarocke Theater entstand nach den Plänen der Wiener Architekten Hermann Hellmer und Jakob Fellner. Vor dem Gebäude steht eine figurenreiche Dreifaltigkeitssäule von 1742 zur Erinnerung an die Pest. *Katona tér*

ESSEN & TRINKEN

KECSKEMÉTI CSÁRDA & BORHÁZ

In geschmackvollem ungarischem Landhausdesign. *Kölcsey utca 7 | Tel. 76/48 86 86 | €*

Insider Tipp **LIBERTÉ**

Seit das Kaffeehaus und Restaurant Túróczy wieder Liberté heißt, ist es renoviert und noch besser als vorher. Ein prima Platz mit einer markisenüberdachten Terrasse mitten in der Stadt. *Szabadság tér 1 | Tel. 76/50 91 75 | €€*

ÜBERNACHTEN

FÁBIÁN PANZIÓ

Pension mit lichter Atmosphäre, einem schönen Garten und freundlichem Service. *10 Zi. | Kápolna utca 14 | Tel. 76/47 76 77 | Fax 47 71 75 | www.hotels.hu/fabian | €*

GRANADA WELLNESS

Dieses neue Wellnesshotel mit Restaurant und Bowlingbahn liegt am Waldrand, 7 km vom Stadtzentrum. *26 Zi. | Harmónia utca 12 | Tel. 76/50 31 30 | Fax 50 31 39 | www.granadawellness.hu | €€*

AUSKUNFT

Tourinform | Kossuth tér 1 | Tel./Fax 76/48 10 65 | kecskemet@tourinform.hu

ZIELE IN DER UMGEBUNG

BUGAC-PUSZTA [131 D2–3]

Die 110 km² große Bugac-Puszta bei Kecskemét wurde von der Unesco zum Welt-Bioreservat erklärt. Sie ist der meistbesuchte Teil des 480 km² großen Nationalparks Kiskunság (*Kiskunság Nemzeti Park,* Kleinkumanien). Sand und Sanddünen, Wacholder, Weideland und Erlenwald verleihen dieser Landschaft einen einzigartigen Reiz. In die Puszta kommen Besucher nur zu Fuß, zu Pferd (Rundwanderweg und Reiterwege) oder mit einer der am Eingang wartenden Pferdekutschen.

Das kleine *Hirtenmuseum* in einem Rundbau informiert über das Leben der Puszta-Bewohner *(April bis Sept., meistens mittags, Juli/Aug. zumeist mehrere Shows).* Gegenüber finden Vorführungen mit tollkühnen Puszta-Reitern statt (Buchung am Eingang zum Nationalpark).

FÜLÖPHÁZA [131 D2]

Etwa 20 km westlich von Kecskemét finden Sie Teile des Nationalparks Kiskunság und typische Einzelhöfe. Sie vermitteln noch einiges an Puszta-Gefühl. Bei den Sanddünen von Fülöpháza liegt die *Somodi Tanya (10 Zi., Camping | Tel. 76/37 70 95 | Fax 37 70 94 | www.somoditanya.hu | €),* ein Reiterhof mit viel Atmosphäre und sehr gutem Restaurant.

Mit einer *tanya* in Fülöpháza hat sich Claudia Kaufmann, die in Wien Modedesign studierte, den Traum von einem anderen Leben erfüllt. Im *Akazienhof (3 Zi., 1 separates Haus | Tel. 76/71 79 52 | Fax 71 79 58 | www.akazienhof.org | €)* erwartet die Gäste ein liebevoll restaurierter Reet- Insider Tipp dachhof mit bester Betreuung (auch Reittouren, Kutschfahrten).

SZOLNOK [132 A2]
Nahe der Theißbrücke von Szolnok (80 000 Ew.) mündet die Zagyva in die große Theiß. Interessant für Besucher ist vor allem das Zentrum zwischen Theißbrücke, Kossuth Lajos út und Theißufer.

An der *Kossuth Lajos út* liegen das alte *Gericht* (Nr. 1), das *Komitatshaus* (Nr. 2) und das eklektizistische *Rathaus* (Nr. 9) von 1885. Beeindruckend ist auch das *János-Damjanich-Museum (Di–So 9–17 Uhr | Kossuth tér 4)*. Eine prunkvolle Ausstattung schmückt die spätbarocke *Franziskanerkirche (Templom utca 8)*. In der *Jugendstil-Synagoge (Di–So 9–17 Uhr | Templom utca 2)* von 1899 zeigt die Szolnok-Galerie Ausstellungen.

Schönster Jugendstil ziert auch das *Thermalbad-Hotel Tisza (Verseghy park 2 | Tel. 56/51 08 50 | Fax 42 15 20 | www.hoteltisza.hu | €€)*. *55 km von Kecskemét*

SZEGED

[132 A5] **Steht man auf dem Domplatz vor der großartigen Votivkirche, fällt es schwer, zu realisieren, dass die Universitätsstadt (165 000 Ew.) ihr heutiges Gesicht einer Katastrophe verdankt: der großen Flut von 1789.** In den Wassermassen der Flüsse Maros und Theiß (Tisza) versanken damals Tausende von Häusern. Innerhalb von nur zehn Jahren entstand auf dem Reißbrett das neue Szeged mit großzügigen Straßen, Monumenten, Plätzen und Grünanlagen.

Die Frei- und Thermalbäder von Szeged befinden sich am der Innenstadt gegenüberliegenden Theißufer.

SEHENSWERTES

DOMPLATZ UND VOTIVKIRCHE ★

Die neoromanische Votivkirche (*Fogadalmi templom,* Bauzeit 1913 bis

Schmuckstück im maurisch geprägten Jugendstil: die Neue Synagoge in Szeged

1930) am Domplatz ist das Wahrzeichen der Stadt. Ihre Ausmaße: 81 m lang, 51 m breit, zwei 91 m hohe Türme und dazwischen die 54 m hohe Kuppel im byzantinischen Stil. Die Orgel ist mit fünf Manualen und 10 000 Pfeifen eine der größten in Europa.

Gegenüber der Kirche liegt die *Nationale Gedenkhalle* mit den Statuen der 100 bedeutendsten Persönlichkeiten des Landes. Diese Arkadengänge mit den Denkmälern machen den Domplatz zu dem, was er sein soll: eine nationale Ruhmeshalle. *Dom tér*

FERENC-MÓRA-MUSEUM

Das Museum zeigt archäologische Funde, naturwissenschaftliche Exponate, Volkskunst und eine Sammlung zu Ehren des Schriftstellers und Museumsdirektors Ferenc Móra (1879 bis 1934). *Di 10–15, Mi–So 10 bis 17 Uhr | Roosevelt tér 1–3*

NEUE SYNAGOGE (ÚJ ZSINAGÓGA)

Das Gotteshaus (erbaut von 1900 bis 1903) ist ein maurisch geprägtes Jugendstiljuwel. Den prachtvollen Innenraum der Synagoge schließt eine Glaskuppel ab, die das Himmelsgewölbe symbolisiert. *April–Sept. So bis Fr 10–12 und 13–17 Uhr, sonst 9–14 Uhr | Hajnóczy utca | www.zsinagoga.szeged.hu | Hajnóczy utca*

RATHAUS (VÁROSHÁZA)

Das Rathaus liegt am 50 000 m^2 großen, zentralen Széchenyi-Platz. Der neobarocke Bau von 1883 mit dem markanten Mittelturm steht der Prachtarchitektur von Schlössern nicht nach. *Széchenyi tér*

ESSEN & TRINKEN

HALÁSZCSÁRDA

Ein feines Fischrestaurant am Roosevelt-Platz (im Sommer mit dem Gartenrestaurant Belvárosi Halászkert an der Theißbrücke). Zu den Spezialitäten des Hauses gehört die Szegeder Fischsuppe. *Roosevelt tér 12–14 | Tel. 62/55 59 80 | www.sotarto-halaszcsarda.hu* | €€

MATUSALEM

Mit Terrasse zum Széchenyi-Platz und einer interessanten Speisekarte mit mediterranen Akzenten. *Széchenyi tér 13 | Tel. 62/42 04 35 | www.matusalemcafe.hu* | €€

VIRÁG

Klassische Café-Konditorei am hübschen Klauzál-Platz. *Klauzál tér 1 | Tel. 62/54 13 60*

ÜBERNACHTEN

ALFA

Hier wohnen Sie in einem angenehm kleinen Hotel, das nur 1 km außerhalb des Zentrums beim Messeturm liegt. *26 Zi. | Teréz utca 30 | Tel. 62/43 44 00 | Fax 42 37 37 | www.alfa-hotel.hu* | €–€€

TISZA HOTEL

Innenstadthotel mit klassizistischem Charme, repräsentativem Entrée und denkmalgeschützten Sälen. *55 Zi. | Wesselényi utca 6 (Széchenyi tér) | Tel./Fax 62/47 82 78 | www.tiszahotel.hu* | €–€€

AUSKUNFT

Tourinform | Dugonics tér 2 | Tel./Fax 62/48 86 90 | szeged@tourinform.hu | www.szegedvaros.hu

ZIELE IN DER UMGEBUNG

GYULA [133 D4]

Nur 5 km von der rumänischen Grenze entfernt und 105 km nordöstlich von Szeged liegt das Kurstädtchen Gyula (34 000 Ew.) mit der einzigen erhaltenen *Ziegelburg* Ungarns (mit Museum) sowie dem *Thermal-Burgbad* (Wellnesscenter mit einem 480-m^2-Erlebnisbecken) und dem *Freibad* im Schlosspark *(Várkert utca 2 | www.varfurdo.hu)*. Die gotische Burg (15. Jh.) ist im Sommer Kulisse für Freilichtspiele.

Nahe der Burg liegt das schöne *Corvin Hotel (22 Zi. | Jókai utca 9–11 | Tel. 66/36 20 44 | Fax 36 21 58 | www.corvin-hotel.hu | €)* mit Restaurant.

Badevergnügen und Kurgenuss im Thermalbad von Gyula

ÓPUSZTASZER [132 A4]

Welches Geschichtsverständnis Ungarn prägt, zeigt der 55 ha große *Nationale Historische Gedenkpark (Nemzeti Történeti Emlékpark) Ópusztaszer.* Im Freilichtmuseum werden auch originalgetreue Häuser wie ein Fischerhaus oder das Haus eines Zwiebelzüchters gezeigt. *April bis Okt. tgl. 9–19 Uhr, Nov.–März 9–17 Uhr | Szoborkert 68 | 30 km nördlich von Szeged*

THEISS-SEE

[125 F4–5] Der 127 km^2 große Theiß-See (Tisza-tó), aufgestaut mit dem Wasser des Flusses Theiß, ist interessanter als ein normaler See, denn der Fluss fließt mitten durch die Seelandschaft hindurch und prägt dadurch ihren besonderen Charakter. Betrachtet man die Segler, Surfer und Jetskifahrer, die Restaurants und Pensionen am Ufer, könnte man meinen, beim kleinen Bruder des Balaton zu Gast zu sein. Doch nur wenige Kilometer weiter schmücken See- und Sumpfrosen das Wasser, flattern im Vogelschutzgebiet in der Bucht von *Tiszavalk* Vögel durch die Luft, die man noch nie gesehen hat.

Mit seinen 15 000 Einwohnern ist *Tiszafüred* am nördlichen Ostufer die größte Stadt am See. *Abádszalók* (4750 Ew.) am Südufer besitzt mit der 14 km^2 großen *Attila-Bucht* ein lebhaftes Urlauberzentrum. Auch nach *Kisköre* und *Poroszló* (jeweils 3350 Ew.) zieht es zahlreiche Gäste, die einen familiären Naturuerlaub zu schätzen wissen.

Für Angler ist die Region ein Paradies, und viele Orte haben Thermalbäder.

ESSEN & TRINKEN

GALÉRIA

In diesem kleinen Restaurant und Café gibt's in gemütlichem Rahmen gute Hausmannskost. *Fő utca 15 | Tiszafüred | Tel. 59/35 05 12 | galeria etterem@vipmail.hu* | €

PUSZTA HAUS

Ferienanlage mit drei reetgedeckten Bauernhäusern. In zwei Häusern gibt es vier großzügige, bestens ausgestattete Apartments. *Tiszafüred | Sárgarigó út 25–27 | Tel./Fax 59/35 01 77 | www.pusztahaus.com* | €€

Der Theiß-See ist für Angler das Wasserparadies auf Erden

TISZA BALNEUM

Im neuesten und schönsten Hotel der Stadt (83 Zi.) essen Sie in bester Lage an der Theiß. Mit großer Terrasse. *Tiszafüred | Húszöles út 27 | Tel. 59/88 62 00 | www.balneum.hu* | €€

ÜBERNACHTEN

KORMORÁN

Sieben Apartmenthäuser mit Theißpanorama in einer attraktiven Yachthafenanlage (auch Camping). *Kormorán Kikötő | Tiszafüred-Örvény | Tel./Fax 59/35 03 50 | www.kormorankikoto.hu* | €

TISZA LODGE

Insider Tipp

Die Belgier Anita und Patrick sind passionierte Gastgeber. Die Zimmer sind einfach, aber stilvoll und komfortabel (alle mit Bad) eingerichtet. *6 Zi. | Tiszaderzs (6 km von Abádszalók) | Ady Endre út 16 | Tel. 59/35 55 07 | www.tiszalodge.com* | €

AUSKUNFT

Tourinform | Tiszafüred: Fürdő út 21 | Tel./Fax 59/51 11 23 | tiszafured @tourinform.hu; Abádszalók: Füzes Kemping | Strand út 2 | Tel. 59/53 53 46 | Fax 53 53 45 | abad szalok@tourinform.hu

> DAS LAND DER BERGE, WEINE UND HÖHLEN

Die waldreichen Höhenzüge des Nordens und ihre faszinierenden Attraktionen

> Zwischen dem nördlichen Rand der Großen Tiefebene und der Grenze zur Slowakei reihen sich Ungarns höchste Erhebungen Cserhát, Mátra, Bükk und Zemplén diagonal aneinander.

Die prächtige Stadt Eger, Naturwunder wie die Baradla-Höhle, Weinlandschaften und die Palozenkultur sind nur einige der Attraktionen in dieser naturschönen Berg- und Hügelregion. Die Palozen sollen Nachfahren turkstämmiger Kumanen vom Kaspischen Meer sein, die im 12. und 13. Jh. nach Ungarn kamen.

EGER

[125 E3] **Diese Perle des Barockstils (66 000 Ew.) zwischen dem Mátra- und dem Bükk-Gebirge ist eine Augenweide.** Die über 1000 Jahre alte, 130 km nordöstlich von Budapest gelegene Bischofsstadt hat im Laufe ihrer Geschichte manchen Sturm überstan-

Bild: Baradla-Höhle im Nationalpark Aggtelek

NORD UNGARN

den. Dem Türkenangriff von 1552 konnte Eger unter Führung des Burghauptmanns István Dobó noch standhalten, die Stadt fiel jedoch 1596 in türkische Hand und blieb bis 1687 besetzt. Mit dem Wiederaufbau begannen die Bischöfe im 18. Jh.

An den Hängen des Bükk-Gebirges stehen die Rebstöcke für bekannte Weine wie Erlauer Stierblut (Egri Bikavér) und Erlauer Mägdelein (Egri Leányka).

SEHENSWERTES

BASILIKA (BAZILIKA)

Die gewaltige Bischofskirche – sie ist 93 m lang und 53 m breit – mit der größten Orgel Ungarns wurde 1831 gebaut. Im Sommer finden Orgelkonzerte statt. *Pyrker tér*

BISCHOFSPALAIS (GÓTIKUS PÜSPÖKI PALOTA) ★

Das Juwel der Burganlage von Eger ist das spätgotische Bischofspalais

(15. Jh.) mit dem anmutigen Arkadengang. Von der Bischofsstadt aus dem 13. Jh. sind ansonsten nur Ruinen geblieben, wie z. B. die Überreste der romanisch-gotischen Kathedrale. Schon die schöne Aussicht ist den ☼ Weg zur Burganlage jenseits des Flusses Eger wert. Das *István-Dobó-Burgmuseum (April–Aug. Di bis So 8–20 Uhr, Nov.–Feb. 8 bis 17 Uhr, sonst 8–18 Uhr | Vár 1 | www.egrivar.hu)* in der Burganlage zeigt u. a. eine Gemäldeausstellung.

Bildung barock: Bibliothek des Erzbischöflichen Lyzeums in Eger

ERZBISCHÖFLICHES LYZEUM (LÍCEUM)

Das Deckenfresko des österreichischen Malers Johann Lukas Kracker in der *Bibliothek (April–Sept. Di bis So 9.30–15 Uhr, Okt.–März 9.30 bis 13.30 Uhr)* des einstigen Erzbischöflichen Lyzeums, 1763 erbaut, zeigt im unteren Teil das Konzil von Trient (1545–63). Im oberen Teil „zieht" es architektonische Elemente wie Säulen und Fenster bis hoch in die Kuppel, die so bedeutend höher wirkt, als sie ist. *Esterházy tér*

ERZBISCHÖFLICHES PALAIS (ÉRSEKI PALOTA)

Das Palais ist ein hufeisenförmig angelegtes barockes Ensemble mit klassizistischen Ergänzungen. *Széchenyi utca 1–3*

ERZBISCHÖFLICHE WEINKELLER

Insider Tipp

Eine Entdeckung sind die alten, 3 km langen Weinkeller unter der Stadt mit einem „Säulensaal". Führungen zur vollen Stunde (warme Kleidung anziehen!). Eingang: hinter dem Erzbischofspalast. Ein neuer Eingang wird bei der Basilika (Eszterházy tér) gebaut. *April–Sept. tgl. 10–19, Okt. bis März 10–16 Uhr | Tel. 20/961 40 19 | tietze.nandorpal@chello.hu*

KLEINPROBSTPALAST (KISPRÉPOSTI PALOTA) UND GROSSPROBSTPALAST (NAGYPRÉPOSTI PALOTA)

Die beiden eleganten Paläste wurden 1758 bzw. 1849 vollendet. *Kossuth Lajos utca 4 und 16*

MINARETT (MINARET)

Das 35 m hohe Bauwerk von 1596 war Teil einer Moschee. Von oben hat man einen schönen Rundblick. *April–Okt. tgl. 10–18 Uhr | Knézich Károly utca 4*

SERBISCH-ORTHODOXE KIRCHE (RÁC TEMPLOM)

Die großartige Ikonostase von 1789 lohnt den Weg hierher. *Di–So 10 bis 16 Uhr | Vitkovics utca 30*

ST.-ANTONIUS-KIRCHE

Eine herausragende Barockkirche mit nach vorn gewölbtem Mitteltrakt und Doppeltürmen, errichtet 1758 bis 1773 nach Plänen des Barockbaumeisters Kilian Ignaz Dientzenhofer. Bei der Kirche liegt das ehemalige Minoritenkloster. *Dobó tér*

ESSEN & TRINKEN

ARANY OROSZLÁN

Auf der Terrasse des „Goldenen Löwen", des Restaurants des barocken *Offi Ház,* sitzen Sie am historischen Dobó-Platz. Klassische Ungarn-Küche. *Dobó István tér 5 | Tel. 36/51 82 10 | www.offihaz.hu* | €€

SZANTOFER

Passend zum rustikal ungarischen Ambiente gibt es gute Hausmannskost. *Brody Sándor utca 3 | Tel. 36/51 72 98 | www.szantofer.hu* | €

ÜBERNACHTEN

AQUA

Charmantes Hotel in der Innenstadt mit dem gemütlichen *Champ's Pub* (im Sommer Grillgarten). *11 Zi. und 5 Apartments | Maklari út 9 | Tel. 36/51 25 10 | Fax 51 25 16 | www.hotelaqua-eger.hu* | €€

PANORAMA HOTEL EGER

Im Herzen der Stadt, mit allem Komfort. Restaurant, kleines Wellnesscenter. *38 Zi. | Dr. Hibay Károly utca 2 | Tel. 36/41 28 86 | Fax 41 01 36 | www.panoramahotels.hu* | €€€

FREIZEIT & SPORT

Egers *Thermal- und Freibad* erinnert mit seiner Kuppel an türkische Bade-

MARCO POLO HIGHLIGHTS

★ Bischofspalais
Das architektonische Juwel des Burgbergs von Eger (Seite 87)

★ Szalajka-Tal und Lipizzaner
Ausflugsziel mit Wasserfall und Pferdezucht (Seite 91)

★ Cifra-Stall
Das Kutschenmuseum ist so schön wie interessant (Seite 93)

★ Baradla-Höhle
Einzigartiges Höhlen-Naturwunder (Seite 95)

kultur. Die exklusive Anlage mit einem neuen Wellnesshaus befindet sich in einem schönen Park. *Petőfi tér 2 | www.egertermal.hu*

AUSKUNFT

Tourinform | Bajcsy-Zsilinszky utca 9 | Tel. 36/51 77 15 | Fax 51 88 15 | eger@tourinform.hu

Reiterglück mit Lipizzanerpferden im Bükk-Gebirge

ZIELE IN DER UMGEBUNG

DEMJÉN UND NOSZVAJ [125 E4]

4 km nördlich von Kerecsend (20 km von Eger) liegt in Demjén das *Egri Korona Weinhaus (Tel. 36/55 05 74 | Fax 55 05 73 | www.koronaborhaz.hu | €–€€)* mit Restaurant und 15 Bungalows sowie schönsten Ausblicken auf die Weinpflanzungen. Das *Weingut von Vilmos Thummerer (Szomolyai út | Tel. 36/46 32 69 | www.pannonwine.hu/thummerer),* einem der besten Winzer Ungarns, steht 15 km von Eger entfernt in Noszvaj.

EGERSZALÓK [125 E3]

6 km von Eger entstand in der grünen Tallandschaft des Flüsschens Laskó das neue *Heil- und Thermalbad Egerszalók* (Insider Tipp) mit 17 Innen- und Außenpools. Teil der Badelandschaft ist auch ein Naturphänomen: der 65 Grad warme, schneeweiße Salzhügel. Im Bau sind ein Luxushotel und Apartments. *Forrás utca | www.egerszalokfurdo.hu*

MEZŐKÖVESD [125 F4]

Die Kleinstadt (18 000 Ew.) ist das Zentrum der für ihr Kunsthandwerk bekannten Volksgruppe der Matyó. Im *Matyó-Museum (Juli/Aug. tgl. 10 bis 18 Uhr, sonst Di–So 10–17 Uhr, im Winter Sa/So 10–14 Uhr | Szent László tér 8)* sind Stickereien und anderes Kunstgewerbe ausgestellt.

Das Matyó-Viertel mit seinen winkeligen Gassen und Reetdachhäuschen wird *Hadas* genannt. Führungen ab *Haus der Volkskunst (Mezőkovesd tájház | 15. März bis 15. Okt. Mo–Fr | Kisjankó Bori utca 5–7 | www.mezokovesd.tajhaz.hu).* Arbeiten der bekanntesten Matyó-Volkskünstlerin Bori Kis Jankó (1876–1954) sieht man in ihrem Haus in der *Kisjankó Bori utca 22 (Mai–15. Okt. Di–So 9–16 Uhr | www.mezokovesd.tajhaz.hu).*

3 km außerhalb liegt das modernisierte *Zsóry-Thermal- und Erlebnisbad (Napfürdő utca 2 | www.zsory-furdo.hu). 20 km südöstlich von Eger*

SZALAJKA-TAL UND LIPIZZANER ★ [125 E-F3]

Das Szalajka-Tal (Szalajka-völgy) bei Szilvásvárad und die Lipizzaner sind im Bükk-Gebirge das beliebteste Ausflugsziel. Das *Lipizzaner-Gestüt Szilvásvárad* bietet (auf Anfrage) auch Reittouren an.

Im Gasthof *Szalajka (24 Zi. | Egri út 2 | Tel./Fax 36/56 40 20 | www.szalajkafogado.hu | €€)* stehen gute Fisch- und Wildgerichte auf der Karte. Eine Ferienanlage in herrlicher Naturlage ist *Szalajka Liget (31 Zi. | Park utca 25/a | Tel./Fax 36/56 43 00 | www.szalajkaliget.hu | €€)* mit Pool und einem Restaurant mit Panoramaterrasse.

sider ipp

Das romantische Szalajka-Tal können Sie zu Fuß, gegen Gebühr mit dem Auto oder mit der Kleinbahn (5 km Fahrt) erleben. Die Bahn hält an mehreren Stationen, zum Beispiel an einem Wildpark. Das meistbesuchte Ziel ist der kleine *Schleierwasserfall. 25 km nördlich von Eger*

MÁTRA-GEBIRGE

[125 D-E 3-4] **Am nördlichen Rand der Großen Tiefebene beginnt der 50 km lange Höhenzug des Mátra-Gebirges.** Die waldbedeckten Höhen mit ihren 400 km ausgeschilderten Wanderwegen, Skipisten und Thermalbädern sind ein ideales Ziel für Natur-, Sport- und Kururlauber (85 km von Budapest).

ORTE IM MÁTRA-GEBIRGE

GYÖNGYÖS

Das „Tor zum Mátra" ist eine Industriestadt (36 000 Ew.) mit einem netten *Hauptplatz (Fő tér)*. Sehenswert sind die barocke *Bartholomäus-Kirche (Szent Bertalan templom)* am Fő tér, die *Franziskanerkirche (Ferences*

> BÜCHER & FILME

Liebe, Leidenschaft und große Geschichte

> **Harmonia Caelestis** – Die Familie Esterházy hat ungarische und europäische Geschichte geschrieben. Péter Esterházy, Nachfahr der jüngeren Generation, gewährt auf 900 Seiten eigenwillige, spannende Einblicke.

> **Die Glut** – Liebe, Leidenschaft, Verrat und Moral sind die Themen des mitreißenden Romans von Sándor Márai, der ihn posthum berühmt machte.

> **Roman eines Schicksallosen** – Das Meisterwerk des Literaturnobelpreisträgers Imre Kertész. Unter dem Titel *Fateless* erzählt Regisseur Lajos Koltai die Geschichte der Hauptfigur, des jüdischen Jungen György Köves, als Film. Ein besonders wichtiger Drehort war Piliscsaba (südlich von Esztergom im Pilis-Gebirge), wo Szenen zu den Konzentrationslagern Auschwitz, Buchenwald und Zeitz gedreht wurden.

> **Napoleon** – Für den TV-Vierteiler mit Gérard Depardieu, John Malkovich, Isabella Rosselini, Alexandra Maria Lara und Heino Ferch wurde in Westungarn gedreht: in Tapolca (nördlich des Balaton), in Devecser (westlich von Veszprém) und auf der Schüttinsel (bei Mosonmagyaróvár).

templom) am Barátok tere, das *Grassalkovich-Haus (Fő tér 10)* mit seiner Neorokoko-Fassade und im *Orczy-Palais* das *Mátra-Museum (März bis Okt. Di–So 9–17, Nov.–Feb. 10 bis 14 Uhr | Kossuth utca 40)*, dessen „Star" ein Mammutskelett ist. Neben dem Museum fährt die Schmalspurbahn nach Mátrafüred und Lajosháza ab. Gute ungarische Küche gibt es im Gasthaus *Kékes (Fő tér 7 | Tel. 37/31 19 15 | €)*.

Insider Tipp

KÉKESTETŐ UND MÁTRAHÁZA

Ungarns höchster Berg ist der 1014 m hohe Kékestető nahe dem Klimakurort Mátraháza (715 m), 8 km von Mátrafüred. Am Kékestető stehen ein gut 20 m hoher Aussichtsturm von 1888 und ein 196 m hoher *Fernsehturm mit Café (Mo–Sa 8–16, So 8–18 Uhr)*.

MÁTRAFÜRED

Der Ort (1800 Ew.) liegt auf 340 m Höhe und ist über die Straße Nr. 24 und per Schmalspurbahn (von Gyöngyös) zu erreichen. Das *Palozenmuseum (Palócbabák | April–Okt. tgl. 9–17 Uhr, sonst bis 16 Uhr | Pálosvörösmarti út 2)* zeigt unter anderem 29 Palozenpuppen.

Der idyllische *Sás-See (Sástó)* auf 507 m Höhe (5 km nördlich von Mátrafüred) hat im Sommer zwei Seiten: eine touristische und eine ruhige. Weg vom Trubel führt ein Spaziergang um den See. Zu empfehlen ist ein Abstecher zum 50 m hohen Aussichtsturm. Für Wanderer gibt es von Mátrafüred aus schöne Wege zu Aussichtspunkten auf dem *Hanák* (584 m), dem *Muzsla* (484 m) und dem *Komáro* (379 m). Eine villenähnliche Pension ist die *Hegyalja Panzió (14 Zi. | Béke út 7 | Tel. 37/32 00 27 | Fax 32 00 28 | www.hotels.hu/hegyalja | €€)*.

Insider Tipp

PARÁD UND PARÁDFÜRDŐ

Von Mátraháza aus führt eine Serpentinenstraße (Nr. 24) durch eine

Im waldreichen Mátra-Gebirge gibt es viele schöne Wanderwege

schöne Landschaft nach Parád (2300 Ew.) und zum Thermalkurort Parádfürdő. Parád ist „Palozenland". Zeugnisse der Lebensart der Palozen sind im *Tájház (Mi–So 9–15 Uhr | Kossuth Lajos utca 53)* zu sehen. Das kleine Museum *Fafaragás (Mi–So 9–15 Uhr | Kékesi út 2)* zeigt in schönem Rahmen teils lebensgroße Holzskulpturen des Künstlers Johák Asztalos. Auf dem Weg nach Paradfürdő liegt das wunderbare Kutschenmuseum ★ *Cifra-Stall (April–Okt. Di bis So 9–17, Nov.–März 10–16 Uhr | Kossuth Lajos utca 217).*

Im schönen Rahmen eines Grandhotels alten Stils essen Sie im *Erzsébet Királyné Park Hotel (35 Zi. | Kossuth Lajos út 372 | Tel. 36/44 40 44 | www.erzsebetparkhotel.hu | €€)* in Paradfürdő. Eine 7 ha große Oase der Ruhe in herrlicher Berglandschaft (nahe einem Reiterhof) ist die Pension *Hanga Vendégház (5 Nichtraucherzi. | Fényes-pagony | Tel. 36/36 44 54 | www.hanga.cwe.hu | €)* in Parád.

PARÁDSASVÁR

Das 600-Ew.-Dorf in schöner Tallage, umgeben von den Mátra-Bergen, verdankt seine Bekanntheit den Glashütten der Gegend und dem Thermalwasser. Eine feine Urlaubsoase (Wellness, Reiten, Angeln) ist das 1827 erbaute *Bailiff-Haus,* heute *Schlosshotel Sasvár (57 Zi. | Kossuth út 1 | Tel. 36/44 44 44 | Fax 54 40 10 | www.sasvar.hu | €€€).* Das Gutsverwalterhaus von 1827 beherbergt die *St.-Hubertus-Pension (22 Zi. | Rákóczi út 2 | Tel./Fax 36/54 40 60 | €)* mit Restaurant (Wildgerichte, Eintöpfe). *18 km nördlich von Mátrafüred*

MISKOLC

[126 A3] **Die Industriestadt (180 000 Ew.), die sich über eine Länge von fast 13 km erstreckt, hat eine kleine historische Innenstadt.** Ihre zentrale Achse ist die Fußgängerzone *Széchenyi István út* mit dem *Nationaltheater (Nr. 23).* Zwischen Hősök tere und Jókai Mór utca stehen die *Minoritenkirche* von 1743 und die im Zopfstil erbaute *Griechisch-orthodoxe Kirche* mit einer wertvollen Ikonostase. Ein gotisches Juwel von 1470 ist die *Avas-Kirche* am Hang des Stadtbergs Avas (234 m). Besonders attraktiv für Urlauber sind die Ortsteile Diósgyőr (am westlichen Stadtrand), Lillafüred (8 km von Diósgyőr) und Tapolca (7 km südlich).

SEHENSWERTES

DIÓSGYŐR

In der *Burg (Mai–Sept. tgl. 9–18 Uhr | www.diosgyorivar.com)* mit ihren 24 m hohen Ecktürmen hielten sich Ungarns Könige im 14. und 15. Jh. am liebsten auf. In schöner Lage neben der Burg: ein Campingplatz und das *Freibad Miskolc-Diósgyőri (20. Mai –31. Aug. | Vár utca 1).*

LILLAFÜRED

Mittelpunkt des idyllischen Höhenkurorts (320 m) ist der See *Hámori* mit dem *Schloss Palota (www.palota.hu).* Die schönste Anfahrt von Miskolc aus ist die mit der Schmalspurbahn. Forellen aus eigenen Fischteichen sind eine Spezialität des bescheidenen, aber guten Restaurants der *Sebesvíz Pension (20 Zi. | Külterület 01062 Hrsz. Támpont 3 | Tel./Fax 46/33 33 03 | www.sebesviz.hu |*

Insider Tipp

€). Sie befindet sich in wunderbarer Lage auf 800 m (von Miskolc aus hinter der Felsentoreinfahrt in Lillafüred nicht Richtung Eger, sondern nach rechts fahren; dann geradeaus, nach 5 km ausgeschildert).

OTTÓ-HERMAN-MUSEUM

Das Museum beherbergt u. a. eine große Mineraliensammlung. *Di–So 10–16 Uhr | Papszer utca 1, zweites Haus in der György Artúr utca 18 | www.hermuz.hu*

ESSEN & TRINKEN

CALYPSO

Ungarische Küche in einem restaurierten Bürgerhaus, mit Terrasse. *Városház tér 7 | Tel. 46/32 46 16 | www.calypsokisvendeglo.hu | €*

ÜBERNACHTEN

DIÓSGYÖRI VÁRKERT

Attraktive Hotelpension mit Restaurant. Blick auf das Bükk-Gebirge, großzügige Zimmer. *12 Zi. | Tapolcarét 2/a | Tel. 46/53 22 47 | Fax 53 22 79 | www.diosgyorivarkert.hu | €€*

TÖLGYFA PENSION

In schöner Waldlage, 600 m vom Höhlenbad. *10 Zi. | Ungvári utca | Tel. 46/55 50 40 | Fax 55 50 41 | www.tolgyfapanzio.hu | €*

FREIZEIT & SPORT

Das modernisierte *Thermal- und Erlebnisbad* in einer Grottenhöhle ist ein besonderes Erlebnis. Das Freibad ist nur von April bis Oktober geöffnet. *Miskolc-Tapolcai-Thermalbad | Juni–Sept. tgl. 9–19 Uhr, Okt.–Dez. und Feb.–Mai 9–18 Uhr | Pazár István sétány | www.barlangfurdo.hu*

AUSKUNFT

Tourinform | Városház tér 13 | Tel. 46/35 04 25 | Fax 35 04 39 | miskolc @tourinform. hu

Planschen in der Grotte: Thermalbad in Miskolc-Tapolca

ZIELE IN DER UMGEBUNG

BARADLA-HÖHLE (BARADLA BARLANG) ★ [125 F1]

Die märchenhafte Unterwelt im Karstgebiet Aggtelek (an der Grenze zur Slowakei, 65 km nördlich von Miskolc) zählt zum Welterbe der Unesco. Das Höhlensystem ist auf ungarischer Seite 17 km lang und beherbergt atemberaubende Tropfsteinkreationen in teils gewaltigen Sälen. Der Haupteingang befindet sich in *Aggtelek*, zwei weitere Eingänge liegen in dem Bergdorf *Jósvafő* und am *Roten See (Vöröstó)*. Es verkehren auch Shuttlebusse zwischen Aggtelek und Jósvafő. Ein Erlebnis ist ein Konzert im großen Höhlensaal. *Ein- oder mehrstündige Gruppenführungen April–Okt. 9–17 Uhr, Nov.–März 10–15 Uhr; 5- bis 7-stündige Touren nur bei Voranmeldung: Tourinform | Aggtelek | Baradla oldal 3 | Tel. 48/ 50 30 00 | Fax 50 30 02 | aggtelek@ tourinform.hu.* Übernachtung: in Jósvafő im hofartigen *Tengerszem Hotel (18 Zi. | Tengerszem odal 1 | Tel./Fax 48/50 60 05 | www.anp.hu | €).*

SÁROSPATAK [126 C2]

In dem Städtchen (17 000 Ew.) am Fluss Bodrog steht ein *Renaissanceschloss (März–Okt. Di–So 10–18 Uhr, Nov.–Feb. 10–17 Uhr | Szent Erzsébet utca 19)* der Fürstenfamilie Rákóczi, die in Ungarns Geschichte eine bedeutende Rolle spielte. Der 1530 begonnene Palast wurde von Fürst György und seiner Frau Zsuszanna Rákóczi im 17. Jh. zu einem luxuriösen Schloss ausgebaut. Vom Turm (bei einer Führung zu besichtigen) bietet sich ein wunderbares Panorama. Sehenswert ist auch die organische Architektur von Imre Makovecz: das *Kulturhaus (Eötvös utca 6)*, die *Schule* in der *Arany János utca 3–7* sowie eine Häusergruppe mit kegelförmigen Dächern beim *Hild-Platz*. Mit Burgblick essen Sie im *Vár Restaurant (Árpád út 35 | Tel./Fax 47/31 13 70 | www.varvendeglo.hu | €). 80 km von Miskolc*

TOKAJ [126 B3]

In Tokaj (5200 Ew.) dreht sich alles um den berühmten Wein. Einen Rundgang wert ist die kleine *Innenstadt* mit Rathaus, griechisch-orthodoxer Kirche und Synagoge. Das *Rákóczi-Barockschloss (Bajcsy-Zsilinszky út 15)* beherbergt heute eine Schule. Wer das Labyrinth des *Rákóczi-Weinkellers (Kossuth tér 15)* erleben möchte, muss eine Weinprobe buchen. Die Geschichte des Tokaj-Weins erzählt das *Weinmuseum (Di–So 9–16 Uhr | Bethlen Gábor utca 7)*. Eine erste Adresse ist das *Gróf Degenfeld Palais (Restaurant, Pension, Weinshop | Kossuth tér 1 | Tel. 47/55 21 73 | www.degenfeldpalota.hu | €€). 50 km von Miskolc*

> LOW BUDGET

- Im *Palacsintavár* in Eger gibt es große Portionen herzhafte und süße Palatschinken. *Dobó utca 9 | Tel. 36/ 41 39 80 | www.palacsintavar.fw.hu*
- Einfach und gastfreundlich ist die *Vaskó Panzió* in Tokaj. Sie hat auch einen Weinkeller, in dem man Tokaj-Weine verkosten kann. *8 Zi. | 18 Euro pro Person im Doppelzimmer | Rákóczi utca 12 | Tel. 47/35 21 07 | http://vaskopanzio.fw.hu*

> BERGIDYLL, TOKAJER, WEITE PUSZTA

Entdecken Sie in aller Ruhe die Geheimnisse des berühmten Weines und die Schönheit der Puszta

Die Touren sind auf dem hinteren Umschlag und im Reiseatlas grün markiert

1 AUF DEN SPUREN DER TOKAJ-WEINE

Die als Unesco-Welterbe registrierte Weinregion Tokaj 200 km nordöstlich von Budapest erreichen Sie über die M3 (Abfahrt Miskolc) und dann über die Landstraße 37. Länge der Tour von/bis Szerencs 130 km, Zeitbedarf ein bis zwei Tage.

Das 6600 ha große Weinanbaugebiet **Tokaj-Hegyalja** an den südlichen Ausläufern der Zemplén-Berge ist das „Mekka der Süßweinproduktion". Hinter dem Ort **Szerencs**, dem Tor zur Weinregion, grüßt wenige Kilometer weiter links der Straße 37 das **Gelbe Weinhaus** *(www.sargaborhaz.hu)* der Spitzenkellerei Disznókő, ein klassizistisches Palais aus dem 18. Jh. Im Restaurant können Sie zum guten Essen auch Weine verkosten. Auf dem weiteren Weg begleiten Sie die Hügellandschaft mit ihren Weinanpflanzungen und bei **Tokaj** *(S. 95)*

Bild: Rákóczi-Keller in Tokaj

AUSFLÜGE & TOUREN

der 515 m hohe gleichnamige Berg. In **Tarcal**, 9 km vor Tokaj (nach rechts abbiegen auf die Straße 38), ist das **Schlosshotel** *(Terézia kert 9 | Tel. 47/58 04 00 | www.grofdegenfeld.hu)* des Weinguts Gróf Degenfeld der ideale Ort, um sich beim Stopp im Restaurant mit einigen Geheimnissen des Tokajers vertraut zu machen.

Aszú heißt das Zauberwort, das die kostbare Geschmackswelt der edelsüßen Weine erschließt. Die Rebsorten, aus denen Tokaj-Weine gekeltert werden – Furmint, Hárslevelű (Lindenblättriger) und der seltene Muscat Lunel – sind ständige Begleiter auf dieser Route. Ebenso der Fluss **Bodrog**, ohne den die Weine nicht wären, was sie sind, denn erst im Zusammenspiel mit der Flussfeuchtigkeit entsteht jener Schimmelpilzbefall der Trauben, der mit der Herbstsonne den Zuckergehalt in einzigartiger Weise konzentriert.

In Tokaj ist der Topwinzer János Árvay zu Hause *(József Attila utca 2 | Verkostung auf Anmeldung | Tel. 47/55 21 55 | www.arvaybor.hu).* Über den netten Weinort **Bodrogkeresztúr** geht es weiter nach **Tolcsva** (links der Straße 37) mit dem Spitzenweingut Tokaj-Oremus *(Bajcsy-Zsilinszky utca 45 | Tel. 47/38 45 05 | Fax 38 45 04 | www.tokajoremus.com).* Einzigartig ist dort das dreistöckige, seit dem 12. Jh. von Hand ausgeschlagene **Kellersystem** *(Verkostungen Mo–Fr 10–16 Uhr, möglichst nach Anmeldung).* Spätestens hier werden Sie weitere Geheimnisse der Tokaj-Weine lüften. So werden für einen *Aszú*-Wein die unter dem Schimmelpilzeinfluss geschrumpften Trauben einzeln aus der Gesamttraube herausgepflückt. Viel Landhauscharme hat das Restaurant **Ős Kaján** *(Mo geschl. | Tel. 47/38 41 95 | Kossuth utca 14–16 | www.oskajan.hu | €€)* mit einer französisch inspirierten Küche.

Über die Straße 37 geht es weiter zum Städtchen **Sárospatak** *(S. 95),* wo Sie einen schönen Spaziergang im Schlosspark machen können. Unter dem Park verbirgt sich das **Kellersystem** *(Führungen März–Okt. Mo–So 10–18 Uhr, sonst bis 16 Uhr)* des Weinguts Pajzos-Megyer *(Nagy Lajos utca 12).*

Sie können jetzt auf der gleichen Strecke zurückfahren oder die Tour über **Sátoraljaújhely** durchs Gebirge und entlang der westlichen Abhänge des Zemplén-Gebirges fortsetzen. Sátoraljaújhely – mit dem schönen barocken **Rathaus** *(Kossuth Lajos tér 5)* und der **Piaristenkirche** *(Deák Ferenc utca 12)* mit mittelalterlichem Kreuzgewölbe und barockem Interieur – ist ein beliebter Wintersportort. Von hier aus geht es durch die Hügel westwärts nach **Pálháza**. Lohnend ist ein Abstecher (2 km) nach **Füzérradvány** zum **Schloss Károlyi** in einem großen Park und zur **Burg von Füzér**. Nun fahren Sie über den Goldgräberort **Telkibánya** und **Gönc** und dann wieder südwärts. Zwischen Gönc und der Straße 37 liegen weitere Weinorte wie **Abaújszántó**, **Tállya** und **Mád**. In Mád stehen die Reben des bedeutendsten Tokaj-Winzers István Szepsy. Ein stattliches Palais, innen gediegen-einfach, ist das Hotel **Mádi Kúria** *(24 Zi. | Restaurant | Rákóczi Ferenc utca 48 | Tel. 47/54 84 00 | Fax 54 84 01 | www.madikuria.t-online.hu | €€).*

2 PUSZTA-ROMANTIK IN DER GROSSEN TIEFEBENE

Von Budapest aus fahren Sie auf der Straße 51 nach Süden, parallel zur ca. 55 km langen Insel Csepel, die von zwei Donauarmen umgeben ist. Erst jenseits der Industriegebiete wird die Gegend schön. Für die Tour (von/bis Budapest 290 km) sollten Sie einen Tag einplanen.

Etwa 30 km hinter Budapest, in **Kiskunlacháza**, führt eine Abzweigung zur einstigen Serbenstadt **Ráckeve** (auf der Insel Csepel) mit dem eleganten **Schloss Savoyen** *(Kossuth Lajos utca)* und der **Serbenkirche** *(Viola utca 1)* aus dem 15. Jh. mit beeindruckenden Fresken und einer spätbarocken Ikonostase. Mit dem Bau seines Schlosses beauftragte der Türkenbezwinger Prinz Eugen 1702 Johann Lukas von Hildebrandt. Zur Weiterfahrt kehren Sie zurück zur Straße 51, auf der es in südlicher Richtung bis **Solt** geht. Für einen Cappuccino, ein selbst gemachtes Eis oder einen Strudel lohnt ein Abstecher zum unscheinbaren **Café Erzsébet** (nach rechts auf die Straße 52 abbiegen, gegenüber einer Tankstelle links an einem Parkplatz).

Auf der Straße 52 geht es nach Osten weiter in Richtung Kecskemét. Die Einzelhöfe *(tanya)* sind ein Markenzeichen der Puszta-Landschaft. Einige wurden zu Restaurants oder Gasthöfen ausgebaut. Auf dem Weg nach Kecskemét liegt bei **Fülöpháza** **Kunpuszta/Kerekegyháza**. Dicht beieinander liegen dort die touristische **Varga Tanya** *(Tel. 76/37 10 30)* und der *Hof von Olga Rendek (Kunpuszta 81 | Kerekegyháza | Tel. 76/38 17 62)*, Insider Tipp von der Varga Tanya per Kutsche oder in einer halben Stunde zu Fuß zu erreichen. Olga Rendek und ihr Mann haben die *tanya* der Großeltern restauriert und zeigen sie so, wie man damals darin lebte.

Tanya-Idyll: Die Einzelhöfe sind ein Markenzeichen der Puszta-Landschaft

die **Somodi Tanya** *(S. 81)* mit gutem Restaurant. Westlich des Ortes liegt ein Teil des **Puszta-Nationalparks Kiskunság** *(Kiskunság Nemzeti Park)* mit Flugsanddünen, den zwei Lehrpfade erschließen (einer beginnt direkt an der Somodi Tanya). Wie einst ein echter Puszta-Einzelhof aussah, erleben Sie wenige Kilometer nordöstlich von Fülöpháza in der Einöde von

Das nächste Ziel ist **Kecskemét** *(S. 79)*. Wer den bildschönen Ort bei einem Kaffee auf sich wirken lassen möchte, sollte die Terrasse des Caférestaurants *Liberté (S. 81)* ansteuern. Auf der Landstraße 54 geht es weiter zum südlich gelegenen **Nationalpark Bugac-Puszta** *(S. 81)*. Der schnellste Weg zurück nach Budapest führt über die Autobahn M5.

EIN TAG IN BUDAPEST

Action pur und einmalige Erlebnisse.
Gehen Sie auf Tour mit unserem Szene-Scout

FRÜHSTÜCK IM KÜNSTLERHAUS 9:00

Im historischen Künstlerkaffeehaus *Művész* beginnt der Tag stilvoll. Ein knuspriges Sandwich, leckeren Kuchen oder ein klassisches Frühstück mit frisch gebrühtem Kaffee bestellen – und dann einfach genießen: den Blick aufs Opernhaus, die neobarocke Einrichtung unter Lüstern und die super entspannte Atmosphäre mit Künstlern und Kreativen am Nachbartisch. **WO?** *Művész Kávéház, Andrássy út 29 | Tel. 1/352 13 37*

9:45 DEM HIMMEL SO NAH!

Tief durchatmen und abheben! Der Tandemflug mit dem Paraglider vom Dreigrenzenberg (Hármashatárhegy) aus ist atemberaubend. Den Wind im Gesicht spüren und auf die Budaer Berge hinabblicken. Einmaliges Erlebnis! **WO?** *Báthory út 23 | Anmeldung unter Tel. 06 20/207 77 99 55 | Kosten: 20 000 Ft./20 Minuten | www.extremtura.hu*

KREATIV FLANIEREN 11:45

Die Ráday-Straße will erobert werden: Durch Budapests kreativstes Viertel flanieren und die Vibes der ungarischen Kunstelite aufsaugen. Dabei der einen oder anderen Galerie einen Besuch abstatten – zum Beispiel der *Erlin Klub Galéria!* Die ständig wechselnden Ausstellungen sind megainteressant. **WO?** *Ráday utca 49 | www.erlin.hu*

12:30 PER SESSELLIFT ZUM LUNCH

Libegő, bitte kommen! Mit dem Sessellift geht's zum Jánoshegy! Von dort aus mit der Schmalspurbahn *Gyermekvasút* durch die Berglandschaft tuckern, an der Haltestelle Hűvösvölgy aussteigen und das Restaurant *Náncsi Néni* ansteuern. Hier wartet ein typisch ungarischer Lunch! **WO?** *Libegő: ab Zugligeti | www.libego.hu | Náncsi Néni: Ördögárok út 80 | Tel. 398 71 27 | www.nancsineni.hu*

24 h

HÖHLENTRIP

15:00

Helm auf, Kopf einziehen und los! In der *Pálvölgyi,* der zweitgrößten Höhle Ungarns, ist Action angesagt! Gesichert und von einem Guide geführt an Wänden hoch- und auf allen Vieren durch schmale Öffnungen klettern. Tipp: Warm anziehen. Die Temperatur in der Tropfsteinhöhle beträgt gerade mal 11 Grad! **WO?** *Szépvölgyi utca 162 | Di–So 9–16.15 Uhr | Führungen immer 15 Minuten nach der vollen Stunde | Tel. 1/325 95 05*

17:00

SLOWDOWN

Jetzt wird relaxt: Im Thermalbad Széchenyi im Stadtpark die Seele baumeln lassen, im Freien Schach spielen und spüren, wie der Jungbrunnen seine Wirkung entfaltet. Budapest von seiner entspanntesten Seite! **WO?** *Állatkerti körút 11 | Eintritt 2800 Ft. | Tel. 1/363 32 10*

BEAUTIFUL DINNER

20:30

Hunger? Dann heißt es ab ins *Menza.* Im coolen Retrostyle neben VIPs und Models dinieren. Das Motto lautet: Sehen und gesehen werden. Beim rustikalen, aber exquisiten Essen mit köstlichem Tokajer Wein kann man sich schon auf die Nacht einstellen! **WO?** *Liszt Ferenc tér 2 | Reservierung erforderlich: Tel. 1/413 14 82 | www.menza.co.hu*

22:00

NÄCHTLICHES HAPPENING

Alle Gesichter der Budapester Nacht erleben: Zur Kultlocation *Merlin* gehören ein Kleintheater, Turntablebar und Club. Poetry-slam, Songwriternight, Clubbing oder eine coole Performance? Spontan entscheiden oder alles nacheinander erleben – die Nacht ist noch jung! **WO?** *Gerlóczy utca 4 | Tel. 1/317 93 38 | www.merlinbudapest.org*

> ACTION & FUN FÜR JEDES TEMPERAMENT

Ob Reiten oder Radfahren, Segeln oder Paddeln – Ungarn bietet jede Art von Fitnessspaß

> Ungarn, das ist bekannt, ist ein Paradies der Reiter. Aber auch Wassersportler, Golfspieler und Biker finden im Land der Hügel, Seen und Flüsse viele Möglichkeiten, um ihre Sportarten auszuüben.

ANGELN

Gute Reviere in Westungarn sind der Balaton und der Velence-See. Am Balaton-Südufer gibt es betreute Angelteiche mit reichen Fischbeständen z. B. in Siófok-Töreki, Fonyód-Zardavár, Balatonszárszó und Balatonlelle. In Ostungarn ist man am Fluss Theiß (Tisza) und am Theiß-See intensiv auf Angelurlauber eingestellt. In Tiszafüred: *Angler- und Familiencamping (Kastély út | Tel./Fax 59/ 35 12 20 | www.hotels.hu/horgcamp)* mit Pool und Restaurant.

Ein Anglerdorado in der Puszta ist *Akasztói Horgászpark és Halascsárda (Akasztó | nordöstlich von Kalocsa an der Straße 53 | Kígyóshíd 6*

Insi Ti

Bild: Puszta

SPORT & AKTIVITÄTEN

| *Tel. 20/550 50 00* | *Fax 553 78 61* | *www.halascsarda.hu).* In dieser Gegend werden auf den speziellen Salzböden der Puszta Karpfen gezüchtet. Es gibt sieben Angelteiche, eine Csárda, eine Pension *(6 Nichtraucherzi.* | *€)* und einen Campingplatz.

Fürs Fischen in öffentlichen Gewässern benötigt man eine Genehmigung (erhältlich z. B. in Angelgeschäften). Infos gibt es bei den Tourismusämtern der jeweiligen Orte.

BOBBAHNEN

Bobbahnen mit bester Aussicht gibt es in Visegrád *(Nagyvillám* | *www.visegrad.hu/bob* | *tgl. Juni–Aug. 9–19 Uhr, Dez.–Feb. 11–16 Uhr, sonst 10–17 Uhr)* und in Sopron *(Bécsi domb* | *www.sopronnet.hu/bob* | *tgl. Juni–Aug. 9–19 Uhr, Mai und Sept. 10–18 Uhr, April und Okt. 10 bis 17 Uhr).* In Balatonfüzfő: *Uszoda utca 2* | *www.balatonibob.hu* | *tgl. ab 10 Uhr bis in den Abend*

Im nordungarischen Mátra-Gebirge liegt auf gut 500 m Höhe eine 930 m lange Bobbahn am See Sás (*5 km nördlich von Mátrafüred | www.matrabob.hu | April–Okt. tgl. 10–18 Uhr, Fr und Sa bis 20 Uhr*).

EXTREMSPORT

2 km vom Stadtzentrum Pécs (an der Straße 66 nach Kaposvár) liegt der Insider Tipp Park *Mecsextrem* mit Quads, Waldbahn und vielen Klettermöglichkeiten (*www.mecsextrem.hu | März–Nov. 10 bis 19 Uhr*). *Paintball Centrum & Extrém Sport Park* in Siófok ist ein Actioncenter mit Paintball, Quadring, Quadtour, Crossbuggy, Kletterwand, Land-Wasser-Hindernisbahn, 3-D-Rad usw. (*an der Straße 65, hinter dem südlichen Ortsausgang Siófok-Kiliti | www.extremsport-siofok.hu*).

GOLF

Es gibt 14 Golfplätze in Ungarn, davon vier 18-Loch-Plätze (*Ungarischer Golfverband | Dózsa György út 1–3 | Budapest | Tel. 1/422 06 29 | www.hungolf.hu*).

Topadressen sind der *Pólus Palace Golf & Country Club (in Göd bei Budapest | Tel. 30/400 56 11 | Pólus Palace Thermal Golf Club Hotel | Kádár utca 49 | Tel. 27/53 05 00 | Fax 53 25 15 | www.poluspalace.hu)* und der *Pannonia Golf & Country Club (in Alcsútdoboz, 25 km westlich von Budapest | Máriavölgy | Tel. 22/59 42 00 | Fax 59 42 05 | www.pannonia-golf.hu | Dez., Jan. geschl.)*.

Am Balaton-Nordufer liegt in Balatonudvari der erste Golfplatz am Insider Tipp See: der *Royal Balaton Golf & Yacht Club* (*Ady Endre utca 8 | www.balatongolf.hu*).

KANU, KAJAK & RUDERN

Einige der interessantesten Wasserlandschaften liegen im östlichen Ungarn. Der Theiß-See ist ein ideales Revier für erlebnisreiche Bootstouren. In Tiszafüred: *Privathafen Szabics-Kikötő | Tiszafüred-Örvény | Tel. 59/35 12 41 | www.szabicskikoto.hu* (Theiß-Touren, Bootsverleih, Liegeplätze, Anglerservice und Camping).

RADFAHREN

Radtourbroschüren gibt es bei den Tourismusämtern. Schön zu befahren ist der Damm rund um den *Theiß-See*. Ein attraktiver Abschnitt des *Donauradwegs* liegt zwischen dem Naturschutzgebiet Schüttinsel und der Stadt Győr; die Strecke führt vom Grenzort (zur Slowakei) Rajka nach Győr. Im *Naturpark Írottkő/Geschriebenstein* bei Kőszeg können sich Biker grenzüberschreitend Herausforderungen stellen (*www.pannonpedal.hu*): Interessant für Mountainbiker sind auf ungarischer Seite die Höhen des *Oház-Berges* bei Kőszeg, Insider Tipp auf österreichischer Seite ab Lockenhaus die *Fun-Paulusbrunnen-Strecke* und bei Rechnitz die *Fun-Geschriebenstein-Strecke* (*www.naturpark-geschriebenstein.at*).

REITEN

Balaton/Westungarn: An der Straße 7 bei km 132 finden Sie die attraktive Anlage *Rádpuszta Pferdezentrum (Balatonlelle | Tel. 20/339 43 83 | Fax 84/36 12 74 | www.radpuszta.hu | 15. April–30. Nov.)*. Die 20 x 40 m große Reithalle ist das Herz des Reiterparadieses *Abbázia Country Club (Nemesnép-Márokföld | Határ út 3–7 | Tel. 83/53 19 90 | Fax 53 19 92 |*

www.abbazia-nemesnep.hu | 66 Apartments | €€) südlich von Őriszentpéter, ca. 70 km westlich vom Balaton.

Große Tiefebene/Puszta: Zur *Biczó Csárda (Fülöpszállás | Tel. 78/54 51 00 | Hármaspuszta 11 | Fax 54 51 01 | www.biczocsarda.hu)* mit Pension gehört ein Lipizzanergestüt.

Nordungarn: 2 km von der Burg in Eger liegt am Fuß des Eged-Hügels ein Lipizzaner-Reiterhof mit einer Familienpension. *Mátyus Udvarház, bei der Noszvaji út | Tel./Fax 36/ 51 79 37 | www.matyusudvarhaz.hu*

SEGELN & WASSERSKI

Am Balaton sind Motoren verboten, am Theiß-See darf mit Motor (z. B. Jetski) gefahren werden. Yachthafen und -charter in Balatonkenese, einem der schönsten Balatonhäfen: *Kenese Marina Port | Kikötő utca 2–4 | Tel./ Fax 88/49 23 69 | www.marinaport.hu.* Wasserskianlage in Balatonfüred: *Wasserski/Füred Camping | Széchenyi utca 24 | Tel. 20/352 26 50.*

Abádszalók am Theiß-See: *Riviéra Sportgeräteverleih (hinter dem Szalok Yacht Klub | József Attila körút 42 | Tel. 30/958 88 22 | Informationen an der Riesenrutsche)*

SURFEN

Der kleine Velence-See, sein großer Nachbar Balaton und der flache Theiß-See sind die Hauptreviere für Windsurfer. Ein guter Treffpunkt am Balaton ist die *Windsurfschule Vonyarcvashegy (Tel./Fax 83/34 89 48, 30/946 06 86 | www.iridium.hu/surf).* Surfen/Kitesurfen in Balatonfüred: *Füred Camping | Tel. 30/407 94 43 | www.windsurfschule.atw.hu.*

Mit seinen vielen Yachthäfen ist der Balaton ein ideales Ziel für Segler

> KINDER SIND HERZLICH WILLKOMMEN

Die kleinen Urlaubsgäste profitieren von der großen Kinderliebe der Ungarn

> Was viele Kinder zu Hause kaum mehr erleben, hält Ungarn landauf, landab bereit: Naturerlebnisse, Spaß mit Tieren und kreative Mitmachprogramme. Ein Herz für Kinder hat man überall im Land.

TRANSDANUBIEN

AQUACITY-ERLEBNISPARK [128 B2]

Mit 6000 m^2 Wasserfläche bietet der Park in Zalaegerszeg (ca. 40 km westlich von Keszthely) großen wie kleinen Besuchern viel Wasserspaß (Wellenbad, Sprung-, Baby- und Kinderpool). *Mai–Okt. tgl. 9–19 Uhr | Tagesbadekarte Erw. 2000 Ft., Kinder 1000 Ft., Familienkarte (4 Pers.) 8500 Ft.* | *www.aquacity.hu*

BÜFFELRESERVAT (BIVALY-RESERVAT) [128 C3]

Wasserbüffel, sogar zum Anfassen nahe, sind das besondere Erlebnis. Hier haben die früher in Ungarn heimischen Tiere eine Überlebens-

MIT KINDERN REISEN

chance. *Im Sommer tgl. 9–15 Uhr | Eintritt 500 Ft., Kinder bis 14 Jahre 200, sonst 400 Ft. | Kápolnápuszta | 6 km nordöstlich von Zalakomár*

PUPPENHAUS VON FEHÉRVÁR (FEHÉRVÁRI BABAHÁZ) [123 F5]
Im zauberhaften Puppenhaus mit seinen winzigen Stuben und Häusern gibt es einen Extraraum mit Zinnsoldaten, Schiffen und Pferdegespannen. *Di–So 10–17 Uhr | Eintritt 310 Ft., Kinder 130 Ft. | Megyeház utca 17 | Székesfehérvár*

URZEIT-PARK (RÉGÉSZETI PARK) [124 B6]
Ein Dorf aus der Eisenzeit ist die Attraktion des Urzeitparks, zu dem auch ein 2700 Jahre altes Hünengrab gehört. Auch Familientage mit Programm. *April–Okt. tgl. 10–18 Uhr | Eintritt 780 Ft., Kinder 360 Ft. | Poroszlai Ildikó utca 1 | Százhalombatta | www.matricamuzeum.hu*

BALATON

AFRIKA-MUSEUM (AFRIKA MÚZEUM) [129 D2]

Kamelreiten am Balaton? Das gibt es. Und diese Attraktion ist nicht die einzige auf dem 2 ha großen Gelände des Afrika-Museums. Kinder können auch auf dem Pony reiten oder sich auf Hüpfburgen austoben. *Mai–Sept. tgl. 9–18 Uhr, April 9–17 Uhr, Okt. 9–16 Uhr | Eintritt 700 Ft., Kinder 500 Ft. | Kültelek 11 (an der Landstraße 71) | Balatonederics*

BOGENSCHIESSEN [123 E6]

Insider Tipp

Auf einer idyllischen Waldlichtung bei dem familienfreundlichen *Weinrestaurant Szt. Kristóf* (mit Schaukel, Sandkasten und rundum freiem Auslauf). Hermann *(Tel. 30/272 40 09)* weist auch Kinder gern in die Kunst des Bogenschießens ein (mit Ausrüstung für bis zu fünf Personen 2500 Ft. pro Stunde). *In Zamárdi (6 km von Siófok) | Alsópincesor | Tel. 30/936 50 92 | www.stkristof.com*

Mit der Nostalgiebahn durch das romantische Szalajka-Tal – ein Spaß für die ganze Familie

NATURSCHUTZMEIEREI SALFÖLD (SALFÖLD MAJOR) [129 D2]

In der Meierei sind altungarische Graurinder, Zackelschafe, Mangalica-Schweine und knuffelige Komondor-Hirtenhunde zu sehen. Es werden auch Reitershows gezeigt sowie Ausritte und Kutschfahrten angeboten. *Mai–Sept. tgl. von 9 Uhr bis Einbruch der Dunkelheit | Tel. 87/70 28 57 | Eintritt 450 Ft., Kinder bis 12 Jahre 200 Ft. | Salföld Major | in Salföld (7 km nordwestlich von Révfülöp) | www.kali.hu/salfoldmajor*

MIT KINDERN REISEN

STERNENBURG (CSILLAGVÁR) [129 D3]
Eine prima Anlage in Balatonszentgyörgy. Draußen gibt's einen Streichelzoo mit Waschbär, Ziegen, Esel usw. Kinder können sich im Bogenschießen üben, während die Eltern in der Csárda sitzen. In der Burg sind 150 fesche Husarenfiguren zu sehen. *Mai–20. Okt. tgl. 10–17 Uhr | Eintritt 400 Ft., Kinder 300 Ft. | im Ort ausgeschildert*

DONAUKNIE

KINDEREISENBAHN (GYERMEKVASÚT) [124 B5]
Die Schmalspurbahn in Budapest fährt auf einer 11 km langen Waldstrecke von Hűvösvölgy (Endstation der Straßenbahn 56 vom Moszkva tér) über Jánoshegy zur Station am Széchenyi-Berg (nahe Zahnradbahn). *Mai–Aug. tgl. 9–19 Uhr, Sept.–April Di–So 9–17 Uhr | 600 Ft., Kinder 300 Ft. | www.gyermekvasut.hu*

TROPICARIUM [124 B5]
Der Mittelpunkt der Anlage in Budapest mit 1,6 Mio. l Meerwasser ist das Haifischbecken. Drumherum liegt ein exotisches Tierreich mit Rochen, Alligatoren, Leguanen und Krallenäffchen im Regenwald. *Tgl. 10–20 Uhr | Eintritt 1700 Ft., Kinder 4–13 Jahre 1000 Ft., 14–18 und Erw. über 62 Jahre 1100 Ft. | Nagytétényi út 37–45 | im Einkaufszentrum Campona | www.tropicarium.hu*

VIDÁMPARK [U F1]
Nostalgischer Vergnügungspark in Budapest mit Dinosaurierpark und Looping-Schiffschaukel, Riesenrad, Achterbahn und einem Karussell aus dem 19. Jh. *April–Sept. tgl. 10–20 Uhr, Okt. 10–18 Uhr | Tageseintritt 2950 Ft., Kinder unter 1 m frei, 1 bis 1,40 m 1950 Ft., spezielle Attraktionen zusätzlich | www.vidampark.hu | im Stadtwäldchen (Városliget) | Állatkerti körút 14–16*

GROSSE TIEFEBENE

AQUAPARK & STRANDBAD HAJDÚSZOBOSZLÓ [126 B5]
Zu der großen Anlage gehören das Strandbad mit einem künstlichen Meeresstrand sowie der tolle Aquapark mit Vierbahn-Multirutsche, Kamikaze- und einer Hydrorutsche, künstlichen Strömungen und Wasserfall. *Strandbad 1200 Ft., Kinder 900 Ft. | Tagesticket Aquapark Kinder 2700 Ft./2 Std., ab 16 Uhr 1900 Ft. | www.hajduszoboszlogyogyfurdo.hu | Szent István park utca 1–3 | Hajdúszoboszló*

SPIELZEUGMUSEUM (JÁTÉKMÚZEUM ÉS MÜHELY) [131 D2]
In Kecskemét gibt es nicht nur wunderbares Spielzeug zu sehen. Samstags ist auch die Werkstatt geöffnet (10–12.30 und 13–17 Uhr), dort dürfen Kinder basteln und werken. *Di bis So 10–12.30 und 13–17 Uhr | Eintritt 450 Ft., Kinder 220 Ft. | Gáspár András utca 11 | Kecskemét*

NORDUNGARN

NOSTALGIEBAHN [125 E2–3]
Die Kleinbahn durch das zauberhafte Tal des Flüsschens Szalajka ist bei Kindern und Erwachsenen beliebt. In den Teichen und im Bach, der an der Endstation über viele Stufen abwärts plätschert, tummeln sich die Forellen. *Aug. und Sept. | 1 Euro pro Fahrtstrecke | ab Szilvásvárad*

> VON ANREISE BIS ZOLL

Urlaub von Anfang bis Ende: die wichtigsten Adressen und Informationen für Ihre Ungarnreise

ANREISE

FLUGZEUG

Direktverbindungen nach Budapest gibt es z. B. ab Berlin, Düsseldorf, Frankfurt, Hamburg, München, Stuttgart, Wien und Zürich. Außer den nationalen Airlines wie Malév, Austrian und Lufthansa fliegen auch Billigflieger wie Easy Jet *(www.easyjet.com)*, Air Berlin *(www.airberlin.com)*, Germanwings *(www.germanwings.com)* und Wizz Air *(www.wizzair.com)* von/nach Budapest.

Es gibt zwei Flughäfen *(www.bud.hu)*: Ferihegy 1 und Ferihegy 2 mit den Terminals 2 A und 2 B (20 bzw. 24 km vom Zentrum). Zum Flughafen Ferihegy 1 fährt ein Zug (ab Westbahnhof, 15 Minuten Fahrtzeit), von dort geht es mit dem Bus weiter nach Ferihegy 2.

Sehr viel günstiger als eine Taxifahrt in die Stadt (ca. 6000 Ft.) ist der Transport per Minibus *(Tel. 1/296 85 55)*. Dieser Busservice fährt zu jeder Adresse in der Stadt zu einem Preis von 2300 Ft. (hin und zurück 3900 Ft.). *Flugauskunft in Budapest Tel. 1/296 71 55*

Regionalflughäfen werden meist während der Sommersaison angeflogen. Der Balaton-Airport *(www.flybalaton.com)* bei Keszthely/Hévíz wird von mehreren Charterfluglinien angeflogen (z.B. Malév, Lufthansa City Line, Swiss Airlines). Abflugorte in Deutschland sind z. B. Frankfurt, Leipzig, Düsseldorf, Berlin, Dresden und Hamburg. Flugverbindungen gibt es auch nach Debrecen *(www.airportdebrecen.hu),* z. B. ab München, Dresden und Leipzig. Pécs hat ebenfalls einen Flughafen *(www.airport-pecs.hu)*.

BAHN

Die Bahnfahrten dauern recht lange: von Frankfurt/M. nach Budapest rund 10 Std., ab München ca. 8 Std., ab Wien etwa 3 Std. Ankunfts- und Abfahrtsort der meisten internationalen Züge ist in Budapest der Ostbahnhof *(keleti pályaudvar).*

Internationale Zugauskunft in Budapest: Tel. 1/461 55 00 | Nachtzüge: www.nachtzugreise.de | Fahrplan Ungarn: www.elvira.hu

BUS

Es gibt eine Vielzahl von Busverbindungen nach Ungarn, z.B. ab Berlin, Frankfurt/M., Hamburg, München, Nürnberg, Stuttgart, Wien, Graz oder Salzburg. Auskunft (auch Ticketverkauf) in Budapest: am Internationalen Autobusbahnhof *(Népliget | Üllői utca 131).*

Busreiseveranstalter: *Deutsche Touring (DTG | Tel. 069/79 03 55 | www.deutschetouring.de), Pannon Volán (Tel. in Deutschland 06122/ 912 40 | www.sippeltravel.de)* oder, auch ab Wien, *Munich Bus (www.munichbus.de)*.

AUSKUNFT

UNGARISCHES TOURISMUSAMT

– Informationen zu allen Orten in Ungarn: *www.ungarn-tourismus.de*

Im Zotteltrab durch die Große Tiefebene

– Wilhelmstr. 61 | 10117 Berlin | nur Fax 030/24 31 46 13 | berlin@ungarn-tourismus.de

– Lyoner Str. 44–48 | 60528 Frankfurt/M. | nur Fax 069/92 88 46 13 | frankfurt@ungarn-tourismus.de

– Opernring 1, Stiege R, 7. Stock, 1010 Wien | Infotel. (0,61 Euro/Min.) 0900/22 00 13 | www.ungarn-tourismus.at

– Hegibachplatz/Minervastrasse 149 | 8032 Zürich | kein Tel. | info@ungarn-tourismus.ch | www.ungarn-tourismus.ch

– Die Touristeninformation *Tourinform (www.tourinform.hu)* gibt es in nahezu allen touristisch wichtigen Orten Ungarns.

AUTO

Es bestehen absolutes Alkoholverbot (null Promille) und Anschnallpflicht. Außerhalb von Ortschaften muss auch tagsüber mit Abblendlicht gefahren werden. In Kurven, an Bahnübergängen und auf Kreuzungen ist das Überholen verboten. Telefonieren ist nur mit Freisprechanlage erlaubt. Für Pkw beträgt die Höchstgeschwindigkeit in Ortschaften 50, auf Landstraßen 90 und auf Autobahnen 130 km/h. Bahnübergänge dürfen nur mit Tempo 30 überquert werden. Sicherheitswesten sind mitzuführen (für jeden Sitzplatz im Auto). Autofahrer sollten stets auf Überraschungen eingestellt sein, vor allem auf Landstraßen. Viele Radfahrer sind im Dunkeln ohne Licht unterwegs, und es kommt nicht selten vor, dass Autos in einer Kurve stehen und die Fahrer ein Schwätzchen halten. Und Autos, die eine Panne haben, sind nur selten mit einem Warndreieck gesichert.

Eine grüne Versicherungskarte erleichtert bei einem Unfall die Abwicklung der Formalitäten. Bei einem Unfall mit Verletzten muss die Polizei gerufen werden. Verursacht ein ausländisches Fahrzeug den Unfall, ist die internationale Versicherung *Hungária Biztosító (Tel. 1/421 14 21 | Mo–Fr 8–20 Uhr)* in Budapest zu informieren.

AUTOBAHNGEBÜHREN

Ungarns Autobahnen sind vignettenpflichtig. Der Preis richtet sich nach der Gültigkeitsdauer und der Fahrzeugklasse. Man zahlt die Gebühr bei den Zahlstellen der Autobahnen, an den Grenzstationen und an Tankstellen in Autobahnnähe. Die Quittung ist aufzubewahren. Aufkleber wurden abgeschafft. *www.autobahn.hu*

PANNENHILFE

Der Notruf des Ungarischen Autoklubs *(Gelbe Engel/Sárga angyal)* ist landesweit erreichbar: *Tel. 188*

Internationale Notdienstzentrale: *Tel. 1/345 17 44*

Notruf für Mitglieder des ADAC/ÖAMTC: *Tel. 1/345 17 17 (Mitte Juni–Mitte Sept. 8–20 Uhr)*

BANKEN & GELD

Das größte Filialnetz hat die Landessparkasse *OTP (Országos Takarékpénztár)*, meist Mo–Do 8–17 und Fr 8–13 Uhr geöffnet.

CAMPING

Die Campingplätze sind in drei Kategorien eingeteilt und entsprechend mit Sternen bewertet. Öffnungszeiten: meist Mai–Anfang/Mitte September. Wild campen darf man nirgendwo. Auskunft: *Magyar Camping Club | 2030 Érd | Kövirózsa utca 10/3 | Tel. 23/37 41 00 | www.camping.hu*

DIPLOMATISCHE VERTRETUNGEN

BOTSCHAFT UND KONSULAT DER BUNDESREPUBLIK DEUTSCHLAND

Úri utca 64–66 | Budapest | Tel. 1/488 35 00 | Fax 488 35 05 | Notruf 06/30/924 17 67 | www.deutschebotschaft-budapest.hu | Mo–Fr 8 bis 16.30 Uhr | Pass- und Visastelle Mo bis Fr 9–12 Uhr

BOTSCHAFT UND KONSULAT DER REPUBLIK ÖSTERREICH

Benczúr utca 16 | Budapest | Tel. 1/351 67 00 | Fax 352 87 95 | www.

austrian-embassy.hu | *Mo–Fr 9 bis 12 Uhr (Konsulat) bzw. 9–11 Uhr (Botschaft)*

BOTSCHAFT UND KONSULAT DER SCHWEIZ
Stefánia út 107 | *Budapest* | *Tel. 1/460 70 40* | *Fax 384 94 92* | *vertretung@bud.rep.admin.ch* | *Mo–Fr 10–12 Uhr*

EINREISE

Für einen Aufenthalt von bis zu drei Monaten genügt für Deutsche, Österreicher und Schweizer ein gültiger Personalausweis oder Reisepass. Personenkontrollen an den Grenzen zu EU-Ländern gibt es nicht mehr.

GESUNDHEIT

Erste Hilfe ist für Ausländer kostenlos. Was vor Reiseantritt zu regeln ist, erfahren Sie bei Ihrer Krankenkasse.

INTERNET

Allgemeine Informationen bietet das Ungarische Tourismusamt unter *www.ungarn-tourismus.de* | *www.ungarn-tourismus.at* | *www.ungarn-tourismus.ch* | *www.hungary.com* | *www.budapestinfo.hu* und *www.thermaltourism.hu* sowie unter *www.nordtur.hu* (Nordungarn) | *www.tisza-to-info.hu* (Theiß-See) | *www.pusztaregion.hu* und *www.matra.hu* (Mátra-Gebirge).

Unter *www.travelport.hu* laufen der Hotelführer *www.hotels.hu* und der Restaurantführer *www.restaurantguide.hu*.

Hotelreservierung: *www.budapesthotelreservation.com* | *www.budapesthotelstart.com* | *www.budapesthotels.com*, Wetter: *www.weatherinhungary.com*, Museen und Sonderausstellungen: *www.museum.hu*, Hotspots in Ungarn: *www.hotspotter.hu*.

Orte und Städte finden Sie unter *www.(der jeweilige Ortsname).hu*.

WAS KOSTET WIE VIEL?

KAFFEE	**70 CENT** für eine Tasse Kaffee
EIS	**30 CENT** für eine Kugel Eis
WEIN	**90 CENT** für ein Glas Wein
LANGOS	**80 CENT** für eine Portion Lángos
BENZIN	**1,10 EURO** für einen Liter Normalbenzin
SALAMI	**15 EURO** für 1 kg Pick-Salami

INTERNETCAFÉS

Budapest: *Internet Café* | *Andrassy út 46 (neben Burger King)* | *24 Std. geöffnet;* Debrecen: *Datanet-Café* | *Kossuth utca 8;* Pécs: *Matrix* | *Király utca 15;* Szeged: *Café Matrix* | *Kárász utca 5* und *Cyber Arena* | *Híd utca/Ecke Ferenc utca;* Kecskemét: *Piramis* | *Csányi utca 1–3 (im Einkaufszentrum);* Siófok: *Bázis Café* | *Árpád utca 1 (bei McDonald's)*

KLIMA

Ungarn ist durch seine Lage im Karpatenbecken vor extremer kontinentaler Witterung geschützt. Der Wind ist überwiegend schwach, es fällt wenig Niederschlag. Die Sommer sind warm bis heiß, die Winter kalt und klar. Schmuddelwetter ist selten. Der Balaton hält mit über 2000 Sonnenstunden im Jahr sogar einen Spitzenplatz in Mitteleuropa.

MIETWAGEN

Mietwagenunternehmen gibt es in allen größeren Orten. Preisbeispiel: Tagespauschalpreis ab ca. 35 Euro erhältlich bei *Fox Autorent (zentrale Reservierung Budapest Tel. 1/382 90 00 | Fax 382 90 03 | www.fox-autorent.com).*

NOTRUF

Rettungsdienst *(mentők): Tel. 104*
Feuerwehr *(tűzoltók): Tel. 105*
Polizei *(rendőrség): Tel. 107*
Magyar Autóklub (Gelbe Engel): *Tel. 188*

Die Polizei hat einen „Heißen Draht" eingerichtet, um bei Verständigungsschwierigkeiten mit den lokalen Ordnungshütern zu helfen (u. a. Deutsch und Englisch). *Tel. 1/438 80 80 | tgl. 8–20 Uhr*

ÖFFNUNGSZEITEN & EINTRITTSPREISE

Auf Öffnungszeiten und auch auf Preisangaben ist in Ungarn recht wenig Verlass. Sie werden oft sehr kurzfristig festgelegt und auch geändert. Bei den Öffnungszeiten gilt das auch für den Saisonzeitraum. Am Balaton dauert die Saison üblicherweise von Pfingsten bis Anfang September, im Donauknie und in den Nationalparks der Tiefebene zumeist bis Ende Oktober. Ist das Besucheraufkommen gering, wird geschlossen. Das gilt für Museen, ist aber ebenfalls für zahlreiche Restaurants, Hotels und Pensionen, vor allem in kleineren Orten, zutreffend.

POST

Postämter sind meistens Mo–Fr 8 bis 18 Uhr und Sa 8–13 Uhr geöffnet.

PREISE & WÄHRUNG

Das Zahlungsmittel in Ungarn ist der Forint (HUF, Ft.). 1- und 2-Forint-Münzen wurden 2008 aus dem Ver-

WETTER IN BUDAPEST

	Jan.	Feb.	März	April	Mai	Juni	Juli	Aug.	Sept.	Okt.	Nov.	Dez.
Tagestemperaturen in °C	2	4	11	17	22	26	28	27	23	16	8	3
Nachttemperaturen in °C	-3	-2	2	6	11	14	16	15	12	7	3	-1
Sonnenschein Std./Tag	2	3	4	6	8	8	9	9	7	5	2	1
Niederschlag Tage/Monat	8	7	7	7	9	8	7	6	6	8	9	9

kehr gezogen und werden nur noch in Banken zum Umtausch angenommen.

SERVICEGEBÜHR

Restaurants (Imbissstuben nicht) dürfen eine Servicegebühr von bis zu 15 Prozent erheben. Davon fließen 81 Prozent in die Rentenkasse, der Rest wird ans Personal ausgeschüttet.

STROM

Die Netzspannung beträgt 220 Volt Wechselstrom.

TELEFON & HANDY

Telefonkarten bekommt man in Postämtern, an Zeitungskiosken und in Tabakläden. Bei Ferngesprächen innerhalb Ungarns muss vor der Vorwahl eine 06 gewählt werden (z. B. von Sopron nach Budapest 06, dann die Vorwahl 1 für Budapest, dann die Teilnehmernummer). Landesvorwahlen: Deutschland 0049, Österreich 0043, Schweiz 0041, Ungarn 0036.

Beim Roaming spart, wer das günstigste Netz wählt. Mit einer ungarischen Prepaid-Karte entfallen die Gebühren für eingehende Anrufe. Prepaid-Karten wie die von GlobalSim *(www.globalsim.net)* oder Globilo *(www.globilo.de)* sind zwar teurer, ersparen aber ebenfalls alle Roaming-Gebühren. Und: Sie bekommen schon zu Hause Ihre neue Nummer. Immer günstig sind SMS. Hohe Kosten verursacht die Mailbox: noch im Heimatland abschalten!

TRINKGELD

In der Gastronomie ist ein Trinkgeld in Höhe von 10 bis 15 Prozent des Rechnungsbetrags üblich. Auch Friseure bekommen ein Trinkgeld. Eine Garderobiere wird mit 100 Ft. bedacht, die Servicekraft an der Tankstelle mit 100 bis 200 Ft.

VERGÜNSTIGUNGEN

Für EU-Bürger, die Rentner sind (ab 65 Jahre), gibt es viele Vergünstigungen (immer danach fragen). So können sie öffentliche Verkehrsmittel (Bahn, Busse, U-Bahn) landesweit kostenlos benutzen. Bei den Linienschiffen am Balaton gibt es 50 Prozent Rabatt. Die beste Karte ist die *Budapest Card (www.budapestinfo.hu)*. Es gibt sie für 48 Stunden (6500 Ft.) und für 72 Stunden (8000 Ft.). Die *Ungarn Card (www.hungarycard.hu)* kostet 6500 Ft., eine *Balaton Card (www.balatoncard.com)* für zehn Tage 2700 Ft. (gültig für zwei Erwachsene und drei Kinder).

WÄHRUNGSRECHNER

€	HUF	HUF	€
10	2501	1000	4,01
20	5002	2000	8,02
30	7503	3000	12,03
40	10003	4000	16,04
50	12504	5000	20,05
60	15005	6000	24,06
70	17506	7000	28,07
80	20007	8000	32,08
90	22508	9000	36,09

ZOLL

Zollkontrollen finden nicht mehr statt. Waren für den persönlichen Verbrauch können in Mengen, wie sie in der EU erlaubt sind, ein- und ausgeführt werden, z. B. 10 l Spirituosen und 90 l Wein. Bei Zigaretten gelten noch Beschränkungen (max. 200 Stück). *www.zoll.de*

> BESZÉLSZ MAGYARUL?

„Sprichst du Ungarisch?" Dieser Sprachführer hilft Ihnen, die wichtigsten Wörter und Sätze auf Ungarisch zu sagen

Aussprache

Zur Erleichterung der Aussprache:

s wie *sch*	*a* wie ein kurzes „o", z. B. in „Topf"
cs wie *tsch*	*e* wie *ä*
sz wie *ß*	*á* wie *a* in „Maat"
ty wie *tj*	*é* wie *e* in „Beet"
ly wie *j* in „Jahr"	*ó* wie *o* in „Mohn"
zs wie das „J" in „Journalist"	*í* wie *ie* in „Biene"
gy wie *dj*	*ű* wie *ü* in „über"

In diesem Sprachführer sind alle ungarischen Wörter mit einer einfachen Aussprache (in eckigen Klammern) versehen. Es wird immer die erste Silbe eines Wortes betont.

AUF EINEN BLICK

Ja./Nein.	Igen. [igän]/Nem. [näm]
Vielleicht.	Talán. [tollahn]
Bitte./Danke.	Kérem. [kehräm]/Köszönöm. [kössönöm]
Gern geschehen.	Szívesen. [ssihwäschän]
Entschuldigung!	Bocsánat! [botschahnott]
Wie bitte?	Tessék? [täschschehk]
Ich verstehe Sie nicht.	Nem értem. [näm ehrtäm]
Ich spreche kein Ungarisch.	Nem beszélek magyarul. [näm bässehläk madjarul]
Sprechen Sie …	Beszél … [bässehl]
… Deutsch?	… németül? [nemätül]
… Englisch?	… angolul? [ongolul]
Schreiben Sie es mir bitte auf!	Kérem írja fel! [kehräm ihrjo fäl]
Können Sie mir bitte helfen?	Tudna nekem segíteni kérem? [tudno näkäm schägihtäni kehräm]
Ich möchte …	Szeretnék … [ssärätnehk …]
Das gefällt mir (nicht).	Ez (nem) tetszik. [äs (näm) täzzik]
Haben Sie …?	Van …? [wonn …]
Wie viel kostet es?	Mennyibe kerül? [männjibä kärül]
Wie viel Uhr ist es?	Hány óra (van)? [hahnj ohro (wonn)]

KENNENLERNEN

Guten Morgen!	Jó reggelt! [joh räggält]
Guten Tag!	Jó napot! [joh noppot]
Guten Abend!	Jó estét! [joh äschteht]

SPRACHFÜHRER UNGARISCH

Grüß dich!/Grüß euch!	Szia!/Sziasztok! [ssio/ssiosstok]
Es freut mich, Sie kennenzulernen.	Örülök, hogy megismerhetem. [örülök, hodj mägischmärhätäm]
Wie geht es Ihnen/dir?	Hogy van/vagy? [hodj wonn/woddj]
Danke. Und Ihnen/dir?	Köszönöm. És Ön/te? [kössönöm ehsch ön/tä]
Auf Wiedersehen!	Viszontlátásra! [wissontlahtahschro]
Tschüss!	Szia/Sziasztok! [ssio/ssiosstok]
Bis bald!/Bis später!	Viszlát! [wisslaht]

UNTERWEGS

AUSKUNFT

links/rechts	balra [bollro]/jobbra [jobbro]
geradeaus	egyenes(en) [ädjänäsch(än)]
nah/weit	közel [kösäl]/messze [mässä]
Bitte, wo ist …?	Hol van kérem a(z) … ? [hol wonn kehräm o(s)]
Wie weit ist das?	Milyen messze van? [mijän mässä wonn]
Sie können den Bus nehmen.	Mehet busszal. [mähät bussoll]

PANNE

Ich habe eine Panne.	Defektem van. [däfäktäm wonn]
Würden Sie mir bitte einen Abschleppwagen schicken?	Tudna nekem egy vontatókocsit küldeni? [tudno näkäm ädj wontottohkotschit küldäni]
Wo ist hier in der Nähe eine Werkstatt?	Hol van itt a közelben egy műhely? [hol wonn itt o kösälbän ädj mühhäj]

TANKSTELLE

Wo ist bitte die nächste Tankstelle?	Hol (van) a legközelebbi benzinkút? [hol (wonn) o läckösäläbbi bänsinkuht]
Ich möchte … Liter …	… liter … kérek. [… litär … kehräk]
Normalbenzin.	normálbenzint [norrmahlbänsint]
Super./Diesel.	szupert [ssupärt]/dízelt [dihsält]
bleifrei.	ólommenteset [ohlommäntäschät]
mit … Oktan.	… oktánszámút [oktahnssahmuht]
Volltanken, bitte.	Tele kérem. [tälä kehräm]

UNFALL

Hilfe!	Segítség! [schägihtschehg]
Achtung!/Vorsicht!	Figyelem! [fidjäläm]/Vigyázat! [widjahsott]

Rufen Sie bitte schnell …	Hívjon gyorsan … [hihwjon djorschonn]
… einen Krankenwagen.	… mentőt. [mäntöht]
… die Polizei.	… a rendőrséget. [o rändöhrschehgät]
… die Feuerwehr.	… a tűzoltókat. [o tühsoltohkott]
Es war meine Schuld.	Én vagyok a hibás. [ehn woddjok o hibahsch]
Es war Ihre Schuld.	Ön a hibás. [ön ö hibahsch]
Geben Sie mir bitte Ihren Namen und Ihre Anschrift!	Adja meg kérem a nevét és a címét. [oddjo mäg kehräm o näweht ehsch o zihmeht]

ESSEN/UNTERHALTUNG

Wo gibt es hier …	Hol van itt … [hol wonn itt]
… ein gutes Restaurant?	… egy jó étterem? [ädj joh ehttäräm]
… ein nicht zu teures Restaurant?	… egy nem túl drága étterem? [ädj näm tuhl drahgo ehttäräm]
Reservieren Sie uns bitte für heute Abend einen Tisch für vier Personen.	Foglaljon kérem nekünk ma estére egy asztalt négy személyre. [foglaljon kehräm näkünk mo äschtehrä ädj osstollt nehdj ssämehjrä]
Bitte bringen Sie uns …	Kérem hozzon nekünk … [kehräm hosson näkünk]
… Gabel/Löffel/Messer	… villa [willo]/kanál [konnahl]/kés [kehsch]
Auf Ihr Wohl!	Egészségére! [ägehschschehgehrä]
Bezahlen, bitte.	Fizetek, kérem. [fisätäk kehräm]
Bitte alles zusammen.	Kérem az egészet egybe számolni. [kehräm os ägehssät ädjbä ssahmolni]
Getrennte Rechnungen, bitte.	Külön számlát kérünk. [külön ssahmlaht kehrünk]
Hat es geschmeckt?	Ízlett? [ihslätt]
Das Essen war ausgezeichnet.	Az étel kitűnő volt. [os ehtäl kitühnöh wolt]

ÜBERNACHTUNG

Können Sie mir bitte … empfehlen?	Tudna ajánlani egy … [tudno ojjahnlonni ädj]
… ein gutes Hotel …	… jó szállodát? [joh ssahllodaht]
… eine Pension …	… panziót? [ponnsioht]
Haben Sie noch Zimmer frei?	Van még szabad szobájuk? [wonn mehg ssobbodd ssobahjuk]
ein Einzelzimmer	egy egyágyas szobát [ädj äddjahdjosch ssobaht]
ein Zweibettzimmer	egy kétágyas szobát [ädj kehtahdjosch ssobaht]
mit Bad	fürdőszobával [fürdöhssobahwoll]
für eine Nacht	egy éjszakára [ädj ehjssockahro]
für eine Woche	egy hétre [ädj hehträ]

Was kostet das Zimmer mit …	Mennyibe kerül a szoba … [männjibä kärül o ssobo]
… Frühstück?	… reggelivel? [räggäliwäl]
… Halbpension?	… félpanzióval? [fehlponnsiohwoll]

PRAKTISCHE INFORMATIONEN

ARZT

Können Sie mir einen guten Arzt empfehlen?	Tud nekem egy jó orvost ajánlani? [tud näkäm ädj joh orwoscht ojjahnlonni]
Ich habe hier Schmerzen.	Itt fáj. [itt fahj]

BANK

Wo ist hier bitte eine Bank?	Hol van itt kérem egy bank? [hol wonn itt kehräm ädj bonnk]
Ich möchte … Euro (Schweizer Franken) in Forint wechseln.	Szeretnék … euro (svájci frankot) forintra átváltani. [ssärätnehk … äuro (schwahjzi fronnkot) forintro ahtwahltonni]

POST

Was kostet …	Mibe kerül … [mibä kärül]
… ein Brief …	… egy levél … [ädj läwehl]
… eine Postkarte …	… egy levelezőlap … [ädj läwäläsöhlopp]
… nach Deutschland?	… Németországba? [nehmätorssahgbo]

ZAHLEN

0	nulla [nullo]
1	egy [äddj/ädj]
2	kettö/két [kättöh/keht]
3	három [hahrom]
4	négy [nehdj]
5	öt [öt]
6	hat [hott]
7	hét [heht]
8	nyolc [njolz]
9	kilenc [kilänz]
10	tíz [tihs]
11	tizenegy [tisänädj]
12	tizenkettő/tizenkét [tisänkättöh/tisänkeht]
13	tizenhárom [tisänhahrom]
14	tizennégy [tisännehdj]
15	tizenöt [tisänöt]
16	tizenhat [tisänhott]
17	tizenhét [tisänheht]
18	tizennyolc [tisännjolz]
19	tizenkilenc [tisänkilänz]
20	húsz [huhss]
21	huszonegy [hussonädj]
22	huszonkettő/huszonkét [hussonkättöh/hussonkeht]
30	harminc [horrminz]
40	negyven [nädjwän]
50	ötven [ötwän]
60	hatvan [hottwonn]
70	hetven [hätwän]
80	nyolcvan [njolzwonn]
90	kilencven [kilänzwän]
100	száz [ssahs]
101	százegy [ssahsädj]
1 000	ezer [äsär]
10 000	tízezer [tihsäsär]
1/2	fél [fehl]
1/4	(egy) negyed [(ädj) nädjäd]

Kellerdorf Villánykövesd

> UNTERWEGS IN UNGARN

Die Seiteneinteilung für den Reiseatlas finden Sie auf dem hinteren Umschlag dieses Reiseführers

REISE ATLAS

WIEN
Schwechat
Fischamend Markt
Himberg
Schwadorf
Schloss Laxenburg
Götzendorf a. d. Leitha
Reisenberg
Ebreichsdf.
Hof a. Leithageb.
Mannersdf. a. Leithageb.
Stotzing
Hornstein
Müllendorf
Schützen am Geb.
Eisenstadt
Pöttsching
St. Margarethen im Burgenl.
Zemendorf
Mattersburg
Mörbisch a. S.
Siebenbrunn
Lassee
Groß-Enzersdorf
Leopoldsdorf i. Marchf.
Haringsee
Nationalpark Donau-Auen
Orth a. d. D.
Eckartsau
Petronell
Carnuntum
Hainburg
Kittsee
Engelhartstetten
Devín
Devínska N. Ves
Rača
BRATISLAVA
Senec
Bernolákovo
Most pri Brat.
Stvrtok na Ostrove
Rusovce
Hamuliakovo
Šamorín
Rajka
Bezenye
Dunasziget
Hegyeshalom
Mosonmagyaróvár
Várkastély
Kimle
Mosonszolnok
Jánossomorja
Lébény
Bruck a. d. Leitha
Parndorf
Zurndorf
Nickelsdorf
Gattendorf
Deutsch Jahrndorf
Kaisersteinbruch
Winden a. S.
Neusiedl am See
Purbach a. N. S.
Donnerskirchen
Gols
Mönchhof
Halbturn
Parndorfer Heide
Podersdorf am See
Frauenkirchen
Fertő-tó/ Neusiedler See
Neusiedler See
Seewinkel
Rust
Illmitz
Nationalp. Neusiedler See Seewinkel
Andau
Wallern i. Burgenl.
Pamhagen
Fertőrákos
Fertő-Hanság N.P.
Bősárkány
ÖSTERREICH
Leithageb.
Sopron
Agfalva
Brennbergbánya
Sieggraben
Balf
Fertőhomok
Esterházy kastély
Fertőd
Hanság
Kapuvár
Farád
Csorna
Osli
Szárföld
Bogyoszló
Bágyogszovát
Szilsárkány
Ritzing
Neckenmarkt
Weppersdorf
Deutschkreuz
Nagycenk
Fertőszentmiklós
Ikva
Sopronkövesd
Ruine Landsee
Landsee
Draßmarkt
Neutal
Großwarasdf.
Oberpullendf.
Nikitsch
Lövő
Csapod
Himod
Mihályi
Egyed
Szil
Szany
Kroat. Geresdf.
Steinberg a.d. Rabnitz
Burgenland
Rabnitz
Cirák
Iván
Beled
Vág
Marcaltő
Lockenhaus
Repcevis
Csepreg
Horvátzsidány
Bükfürdő
Bük
Simaság
Répcelak
Kemenesszentpéter
Kemeneshőgyész
Tompaládony
Uraiújfalu
Kenyeri
Kőszeg
Jurisics-vár
Jagdschloss
Répce
Rába
Acsád
Ostffyasszonyfa
Vönöck
Rechnitz
Szeleste
Vassurány
Kemenessömjén
Mersevát
Nemesszalók
Neumarkt i. Tauchental
Vasi múzeumfalu
Vát
Sárvár
Hegyközség
Celldömölk
Adorjánháza
Nagyalásony
Burg
Iseum
Arborétum
Vép
Gyöngyös
Nádasdy-vár
Sitke
Mesteri
Izsákfa
Szombathely
Tanakajd
Ikervár
Csempeszkopács
Nyőgér
Kodó
Borgáta
Pornóapáti
Sorokpolány
Rum
Jánosháza
Kerta
Somló
Punitz
Ják
Szent György Templom
Winten
Kám
Alsóújlak
Hosszúpereszteg
Keléd
Devecser
Egyházasrádóc
Strem
Nagykölked
Vasvár
Mikosszéplak
Ukk
Káptalanfa
Körmend
Csabrendek
Rönök
Petőmihályfa
Zalabér
Türje
Tekenye
Sümeg
Nádasd
Csákánydoroszló
Egervár
Zalaszentgrót
Zalaudvarnok
Kondorfa
Őrségi Nemzeti Park
Őrség
Zalahás-hágy
Hagyárosbörönd
Bagod
Zalaszentiván
Pókaszepetk
Tátika
Zalaszántó
Zalakoppány
Zalaszentlászló
Várvölgy
Szalafő
Őriszentpéter
Meleghegy
Zala
Zalalövő
Göcsej- skanzen
Zalaegerszeg
Bajánsenye
TV-torony
Nagykapornak
Zalacsány
Hévíz
Hévíz-tó
Keszthely
10 km
Dunaj
Donau
Leitha
Hanság
Fertő-Hanság N.P.
Kis-alföld

128

SLOVENSKÁ REP.
Galanta
Šaľa
Sládkovičovo
Veľké Úľany
Pusté Úľany
Sereď
Diakovce
Horné Saliby
Jelka
Tešedíkovo
Žihárec
Kráľov Brod
Trstice
Močenok
Jatov
Tvrdošovce
Mojmírovce
Poľný Kesov
Branč
Ivanka
Čápor
Černík
Komjatice
Šurany
Nitra
Nové Zámky
Palárikovo
Vlčany
Neded
Zemné
Dunajská Streda
Topoľníky
Vrakúň
Dolný Štál
Bar
Baka
Gabčíkovo
Veľký Meder
Okoč
Kolárovo
Bodza
Sap
Medveďov
Zemianska Olča
Komoča
Nesvady
Žitava
Váh
Kameničná
Hurbanovo
Bajč
Komárno
Zlatná na Ostr.
Veľké Kosihy
Levice
Kalná n. Hronom
Mýtne Ludany
Tekovské Lužany
Nový Tekov
Veľ. Ďur
Tehla
Lok
Beša
Radava
Veľké Lovce
Bešeňov
Dvory n. Žitavou
Kolta
Farná
Svodín
Kamenín
Strekov
Pribeta
Gbelce
Svätý Peter
Modrany
Marcelová
Moča
Kravany na Dun.
Mužla
Dunaj
Dunaszeg
Kisbodak
Vámosszabadi
Abda
Győrszentiván
Gönyű
GYŐR
Ács
Bana
Bábolna
Komárom
Almásfüzitő
Mocsa
Dunaalmás
Lábatlan
Nyergesújfalu
Nagyigmánd
Öreg-tó
Öregvár
Tata
Gerecse
634
Tardosbánya
Bajna
Síflis-kő
Lengyel-barlang
Tarján
Tatabánya
Környe
Kocs
Szákszend
Kecskéd
Kőrtvélyes
480
Majkpuszta
Oroszlány
Várgesztes
Óbarok
Vértes
Csákvár
Alcsút
Gánt
Arborétum
Vál-víz
Mór
Bor múzeum
Pusztavám
Bakonysárkány
Ácsteszér
Aka
Kisbér
Bokod
Császár
Bakony-Ászár
Bakonyszombathely
Pér
Nyúl
Mezőörs
Tényő
Écs
Pannonhalma
Ravazd
Táp
Kajárpéc
Sokorópátka
Gic
Veszprémvarsány
Lovászpatona
Pápateszér
Bakonyszentkirály
Csesznek vár
Csót
Nagygyimót
Bakonykoppány
709
Kőris-hegy
Cuha
Szápár
Gaja
Dudar
Bakonycsernye
Isztimér
Bodajk
Söréd
Zámoly
Lovasberény
Nagyesztergár
Bakonybél
Zirc
Arborétum
Szélmalmok
Tés
574
Várpalota
Inota
Sárkeresztes
Velencei-tó
Romkert
Pénzesgyőr
Középső-Hajag
646
Farkasgyepű
Eplény
Székesfehérvár
Porcelánmúzeum
Herend
Gyulafirátót
Pétfürdő
Nádasdladány
Szabadbattyán
Seregélyes
Bányászmúzeum
Márkó
Veszprém
Úrkút
Padragkút
600
Berhida
Polgárdi
Gorsium
Sárvíz
Római romok
Balatonfűzfő
Balatonalmádi
Balatonkenese
Sárosd
Tótvázsony
Alsóörs
Csopak
Balaton-Lóczy-bg.
Lepsény
Soponya
Sárkeresztúr
Pula
Nagyvázsony
Pécsely
Kapolcs
Mencshely
Balaton-felvidéki N.P.
Aszófő
Balatonfüred
Tihany
Siófok
Enying
Káloz
Kisláng
Balatonudvari
Köveskál
Zánka
Balatonakali
Zamárdi
Balatonszabadi
Sió
Ádánd
Gótikus templomrom
Dég
Hatvanpuszta
Balatonszepezd
Révfülöp
Szántódpuszta
Balatonföldvár
Balatonszárszó
Balatonlelle
Balatonszemes
Kereki
Mezőszilas
Balaton

129

A
B
C
1
2
3
4
5
6
Ponitrie
Kľak
Veľ. Pole
Malá Lehota
Bzenica
Revište
Hlinik n. Hr.
Sklené Teplice
Šášovský hrad
Hron. Dúbrava
Zvolen
Zvolenská Slatina
Detva
Vígľaš
Hriňová
Bacúrov
Vígľašský zámok
Slatinské Lazy
Kriváň
Kozelník
Teplá
Štiavnické vrchy
Horné Hámre
Žarnovica
Veľká Lehota
Nová Baňa
Hodruša-Hámre
Štiavnické Bane
Banská Štiavnica
Skalka 682
Dobrá Niva
Sása
Stará Huta
Budiná
Divín
Mýtna
Javorie 1044
Hor. Tisovník
Ábelová
Zakázaný priestor
Veľký Inovec 901
Sitno 1009
Počúvadlo
Pukanec
Prenčov
Krupina
Senohrad
Tomášovce
Halič
Hronsky Benadik
Bohunice
Tlmače
Jabloňovce
Hontianske Nemce
Bzovík
Litava
Šul'a
Ľuboreč
Lučenec
Bátovce
SLOVENSKÁ REP.
562
Veľký nad Ipľom
Dolná Strehová
Žemberovce
Drienovo
Cerovo
Modrý Kameň
Pôtor
Levice
Krupinica
Veľký Krtíš
Kalná n. Hronom
Kalinčiakovo
Dudince
Plášťovce
Litava
Opavská hora 577
Kosihovce
Veľké Straciny
Bušince
Nógrádszakál
Mýtne Ludany
Neninice
Tekovské Lužany
Demandice
Šarovce
Vinica
Forgách-kastély
Veľký Pesek
Tupá
Šahy
Slovenské Ďarmoty
Želovce
Szécsény
Hron
Ipoly
Balassagyarmat
Želiezovce
Hont
Farná
Kemence
Nagyoroszi
Nógrádsipek
Duna-Ipoly
Érsekvadkert
Mohora
Herencsény
Hollókő
Málé Ludince
Bielovce
Cata
Vámosmikola
Csóványos 939
Diósjenő
Szlovák-Nemzetiségi-Kiállítás
Templom
N.P.
Romhány
Szanda
Svodín
Málé Kosihy
Nagybörzsöny
Rétság
Becske
Kamenín
Salka
Letkés
Mária-nosztra
Börzsöny
Cserhát
Nógrádkövesd
Bercel
Buják
Gbelce
Kamenica n. Hron.
Burdov 388
Chľaba
Szokolya
Szendehely
Keszeg
Szob
Verőce
Vanyarc
Szirák
Kastélyszálló
Mužla
Kravany na Dun.
Štúrovo
Bazilika
Esztergom
Nagymaros
Duna
Vác
Penc
Acsa
Dunakanyar
Dömös
Visegrád
Kálló
Nyergesújfalu
Duna-Ipoly N.P.
Tahitótfalu
Skanzen
Váchartyán
Verseg
Gerecse
Tokod
Dorog
Visegrádi-hegység
Pilisszentkereszt
Leányfalu
Arborétum
Galgamácsa
Sárisáp
Csolnok
Pilis
757
Dobogókő
Szentendre
Göd
Őrbottyán
Bajna
Lom-h. 589
Dunakeszi
Aszód
Epöl
Úny
Pilisvörösvár
Pomáz
Budakalász
Budai-hegység
Tarján
Pilis-csaba
Fót
Gödöllő
Perbál
Solymár
Kutya-h. 559
Budajenő
PEST-HIDEGKÚT
Csömör
Hungaroring
Kerepes
Valkó
Zsámbék
Aquincum
Isaszeg
BUDAPEST
Páty
Budakeszi
Várhegy
Óbarok
Bicske
Biatorbágy
Buda-örs
Gellért-h. 235
RÁKOSLIGET
RÁKOS-KERESZTÚR
Pécel
Maglód
Sülysáp
Etyek
Törökbálint
Benta
Vecsés
Gyömrő
Alcsútdoboz
Arborétum
PEST-SZENTIMRE
Üllő
Gomba
Csákvár
Váli-víz
Érd
Szigetszentmiklós
Gyál
Tordas
Urbárium
Duna-haraszti
Monor
Kajászó
Tököl
Ócsa
Csév-haraszt
Martonvásár
Százhalombatta
Alsónémedi
Pilis
10 km
Baracska
Ercsi
Kápolnásnyék
Velence
Ráckevei-Duna
Albertirsa
Gárdony
Bugyi
Dánszentmiklós
Velencei-tó
Kiskunlacháza
Kiskunsági Nemzeti Park
Dabas
Magyar geomet közepp
Ráckeve
Pusztaszabolcs
E77
E71
E73
E75
E58
M1
M0
M3
M5
M6
M7
130

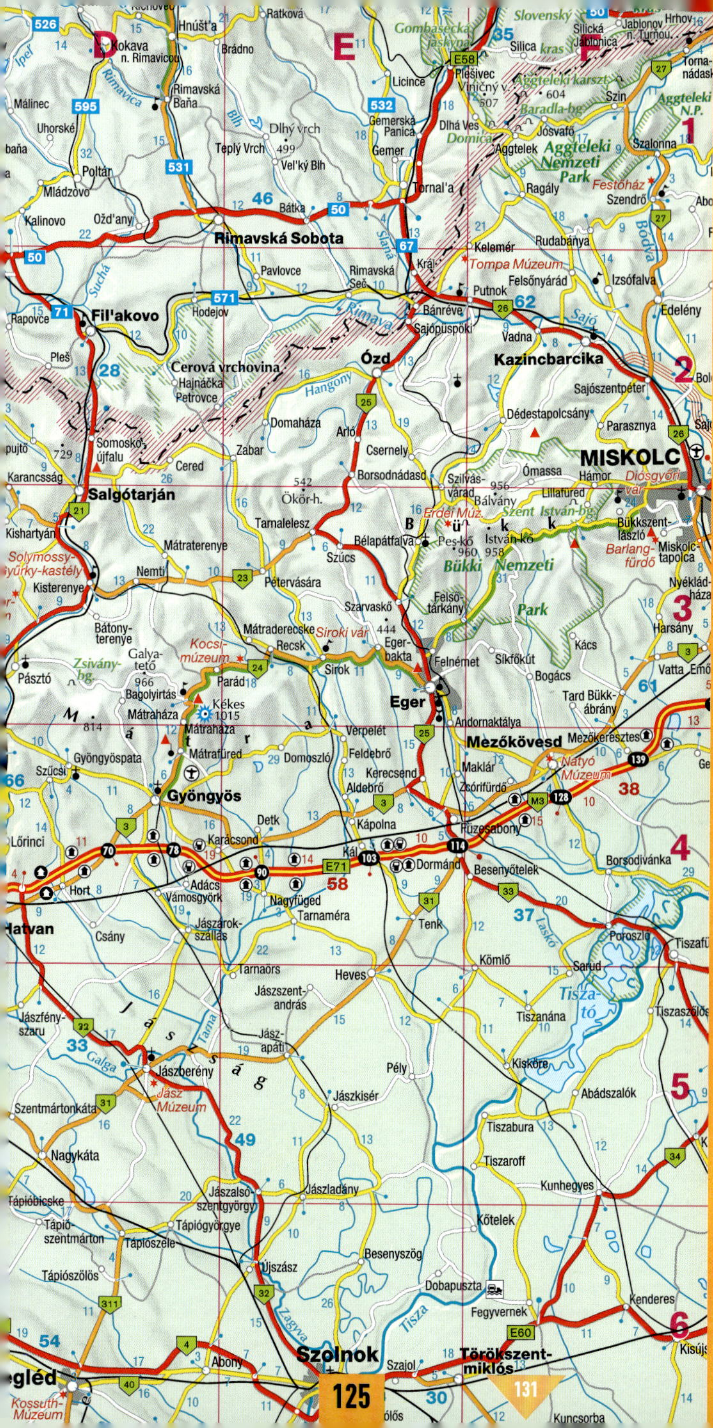

D
E
F
1
2
3
4
5
6
Kokava n. Rimavicou
Hnúšť'a
Ratková
Brádno
Rimavská Baňa
Málinec
Uhorské
Poltár
Mládzovo
Kalinovo
Ožd'any
Dlhý vrch
Teplý Vrch
Veľký Blh
Bátka
Rimavská Sobota
Pavlovce
Rimavská Seč
Hodejov
Rapovce
Fil'akovo
Pleš
Cerová vrchovina
Hajnáčka
Petrovce
Somoskőújfalu
Cered
Zabar
Domaháza
Salgótarján
Karancsság
Kishartyán
Ökör-h.
Tarnalelesz
Mátraterenye
Nemti
Solymossy-Györky-kastély
Kisterenye
Bátonyterenye
Pétervására
Zsivány-bg.
Galya-tető
Pásztó
Kocsi-múzeum
Mátraderecske
Recsk
Sirok
Siroki vár
Parád
Bagolyirtás
Mátraháza
Kékes
Mátrafüred
Gyöngyöspata
Szűcsi
Gyöngyös
Domoszló
Verpelét
Feldebrő
Kerecsend
Aldebrő
Detk
Kápolna
Karácsond
Lőrinci
Hort
Adács
Vámosgyörk
Nagyfüged
Tarnaméra
Jászárokszállás
Hatvan
Csány
Tarnaörs
Heves
Jászszentandrás
Jászfényszaru
Jászapáti
Jászberény
Jász Múzeum
Jászkisér
Pély
Szentmártonkáta
Nagykáta
Tápióbicske
Tápiószentmárton
Tápiószele
Tápiógyörgye
Jászalsószentgyörgy
Jászladány
Tápiószőlős
Újszász
Besenyszög
Abony
Cegléd
Kossuth-Múzeum
Szolnok
Szajol
Törökszentmiklós
Kuncsorba
Gombasecká jaskyňa
Slovenský kras
Silická Jablonica
Jablonov n. Turňou
Hrhov
Silica
Plešivec
Viničný v.
Licince
Gemerská Panica
Gemer
Dlhá Ves
Domica
Aggtelek
Aggteleki karszt
Baradla-bg.
Szin
Jósvafő
Aggteleki Nemzeti Park
Aggteleki N.P.
Szalonna
Tornanádaska
Tornal'a
Ragály
Festőház
Szendrő
Abod
Rudabánya
Kelemér
Tompa Múzeum
Král'
Putnok
Felsőnyárád
Izsófalva
Edelény
Bánréve
Sajópüspöki
Vadna
Kazincbarcika
Ózd
Sajószentpéter
Dédestapolcsány
Parasznya
Arló
Csernely
Borsodnádasd
Szilvásvárad
Bálvány
Ómassa
Lillafüred
Hámor
MISKOLC
Diósgyőri vár
Szent István-bg.
Erdei Múz.
Bükkszentlászló
Bélapátfalva
Pes-kő
István-kő
Bükki Nemzeti Park
Barlangfürdő
Miskolctapolca
Szúcs
Szarvaskő
Felsőtárkány
Nyékládháza
Harsány
Egerbakta
Felnémet
Síkfőkút
Kács
Bogács
Vatta
Emőd
Eger
Tard
Bükkábrány
Andornaktálya
Mezőkövesd
Mezőkeresztes
Matyó Múzeum
Maklár
Zsórifürdő
Füzesabony
Kál
Dormánd
Besenyőtelek
Borsodivánka
Tenk
Poroszló
Tiszafüred
Kömlő
Sarud
Tisza-tó
Tiszanána
Tiszaszőlős
Kisköre
Abádszalók
Tiszabura
Tiszaroff
Kunhegyes
Kőtelek
Dobapuszta
Fegyvernek
Kenderes
Kisújszállás
Ipeľ
Rimavica
Blh
Slaná
Suchá
Rimava
Sajó
Bódva
Hangony
Tarna
Galga
Zagyva
Tisza
Laskó
Mátra
Jászság

131

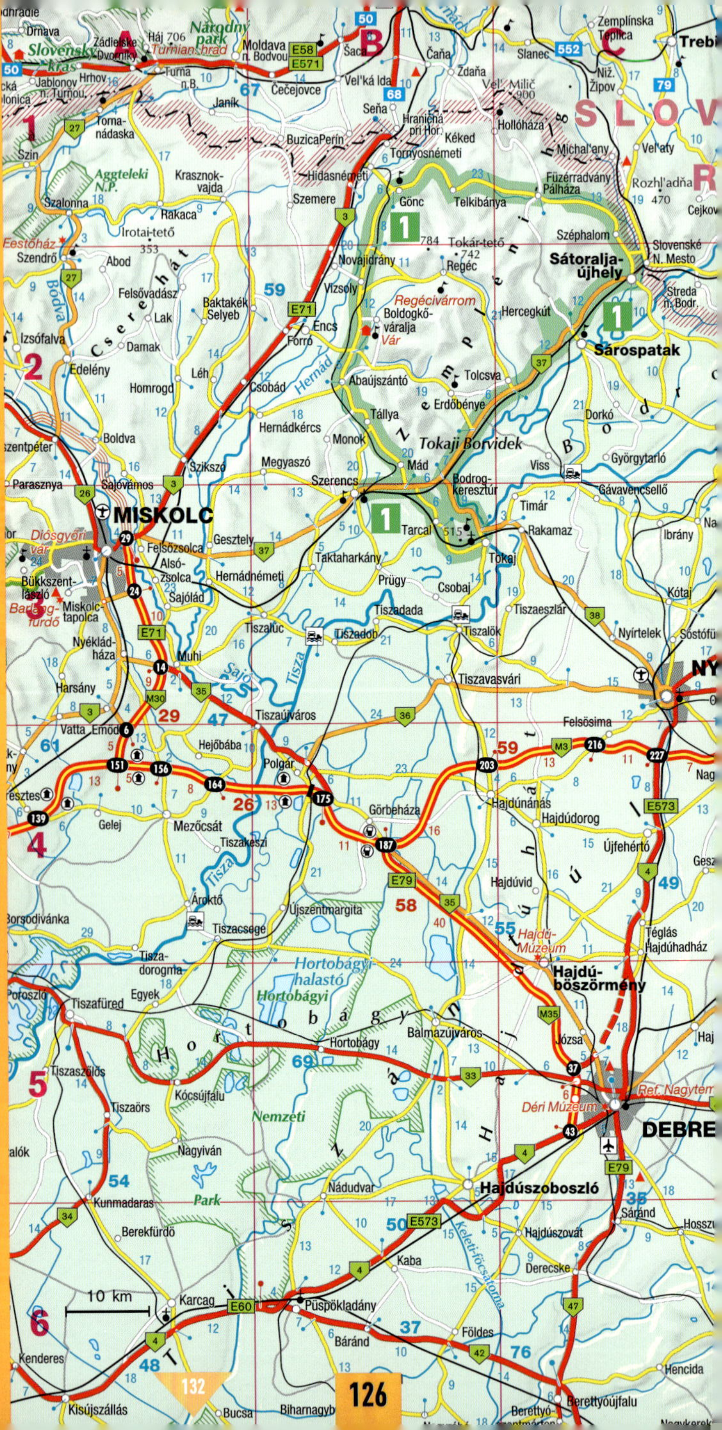

Slovenský kras
Národný park
Turňian hrad
Moldava n. Bodvou
Šaca
Čaňa
Zemplínska Teplica
Trebi
Slanec
Niž. Žipov
Jablonov n. Turňou
Hrhov
Turňa n.B.
Čečejovce
Vel'ká Ida
Zdaňa
Vel. Milič
Janík
Seňa
Hraničná pri Hor.
Hollóháza
Michal'any
Vel'aty
Tornanádaska
BuzicaPerín
Kéked
Tornyosnémeti
Hidasnémeti
Szin
Aggteleki N.P.
Krasznokvajda
Füzérradvány
Pálháza
Rozhl'adňa
Cejkov
Szalonna
Rakaca
Szemere
Gönc
Telkibánya
Festőház
Szendrő
Irotai-tető
Abod
Novajidrány
Tokár-tető
Regéc
Széphalom
Sátoraljaújhely
Slovenské N. Mesto
Streda n. Bodr.
Bódva
Felsővadász
Cserehát
Baktakék
Selyeb
Lak
Vizsoly
Regécivárrom
Boldogkőváralja
Vár
Hercegkút
Encs
Forró
Izsófalva
Damak
Sárospatak
Edelény
Homrogd
Léh
Csobád
Hernád
Abaújszántó
Tolcsva
Erdőbénye
Zemplén
Tállya
Dorkó
Bodrog
Szentpéter
Boldva
Hernádkércs
Monok
Tokaji Borvidek
Györgytarló
Parasznya
Sajóvámos
Szikszó
Megyaszó
Szerencs
Mád
Viss
Bodrogkeresztúr
Gávavencsellő
MISKOLC
Tarcal
Timár
Rakamaz
Ibrány
Diósgyőri vár
Felsőzsolca
Gesztely
Alsózsolca
Hernádnémeti
Taktaharkány
Tokaj
Bükkszentlászló
Bargang fürdő
Miskolctapolca
Sajóláad
Prügy
Csobaj
Kótaj
Tiszadada
Tiszaeszlár
Nyékládháza
Tiszaluc
Tiszadob
Tiszalök
Nyírtelek
Sóstófü
Harsány
Muhi
Sajó
Tisza
Tiszavasvári
NY
Vatta
Emőd
Tiszaújváros
Felsősima
Hejőbába
Polgár
Mezőkeresztes
Gelej
Mezőcsát
Tiszakeszi
Görbeháza
Hajdúnánás
Hajdúdorog
Újfehértó
Hajdúvid
Hajdúhát
Borsodivánka
Ároktő
Újszentmargita
Tiszacsege
Tiszadorogma
Hortobágyi halastó
Hortobágyi
Hajdú Múzeum
Téglás
Hajdúhadház
Hajdúböszörmény
Poroszló
Egyek
Tiszafüred
Hortobágy
Balmazújváros
Józsa
Tiszaszőlős
Kócsújfalu
Ref. Nagytem
Déri Múzeum
Tiszaörs
Nemzeti
DEBRE
Park
Nagyiván
Kunmadaras
Nádudvar
Hajdúszoboszló
Sáránd
Berekfürdő
Keleti-főcsatorna
Hajdúszovát
Kaba
Derecske
10 km
Karcag
Püspökladány
Bárand
Földes
Kenderes
Hencida
Kisújszállás
Bucsa
Biharnagybajom
Berettyóújfalu

132

UŽHOROD
Mukačeve
Berehove
Kisvárda
Vásárosnamény
Mátészalka
Nyírbátor
SATU MARE (SATHMAR)
Carei
Valea lui Mihai
Tășnad
Marghita
Șimleu Silvaniei
Săcueni
Z a k a r p a t s ' k a
U K R A J I N A
R O M Â N I A
S z a t m á r
E r d ő h á t
C â m p i a S o m e ș u l u i
D e a l u r i l e S i l v a n i e i
Katedral'nyj sobor
zamok Palanok
Všesvjats'kyj kostel
Vármúzeum
Templom
Latorica
Latorycja
Tisza
Serne kanal
Kraszna
Szamos
Túr
Borzava
Crasna
Barcău
L. Sălacea
Svaljava
Čop
Záhony
Tuzsér
Mándok
Fehérgyarmat
Csenger
Ardud
Beltiug
Ciuhoi
Săcășeni
Sălard
Diosig
Vámospércs
Nyíradony
Nyírbogát
Baktalórántháza
Kántorjánosi
Nyírmeggyes
Nagyecsed
Porcsalma
Tyukod
Dorolț
Vetiș
Urziceni
Foieni
Sanislău
Petrești
Pișcolt
Curtuișeni
Andrid
Santău
Cig
Supuru de Jos
Racova
Bogdand
Cehăluț
Pir
Sălacea
Buduslău
Albiș
Abrămuț
Chișlaz
Tăuteu
Balc
Suplacu de Barcău
Carastelec
Bobota
Zalnoc
Măeriște
Șărmășag
Chieșd
Pericei
Rakošyn
Dubrivka
Strabyčovo
Barkasovo
Bat'ovo
Lónya
Zvinkove
Koson'
Velyka Byjhan'
Janoši
Velyki Berehy
Šalanky
Vylok
Fančykovo
Tiszabecs
Bobove
Djakove
Halmeu
Zabolottja
Cidreag
Gelénes
Csaroda
Tarpa
Kisar
Panyola
Nagydobos
Gergelyiugornya
Aranyosapáti
Tiszaadony
Mezőladány
Dombrád
Cigánd
Ricse
Révleányvár
Zemplénagárd
Anarcs
Gemzse
Nyírkarász
Nyírmada
Székely
Vaja
Őr
Hodász
Kocsord
Győrtelek
Jánkmajtis
Nyírgyulaj
Máriapócs
Nyírkáta
Piricse
Nyírlugos
Nyírbéltek
Ömböly
Penészlek
Nyírácsád
Nyírábrány
Kállósemjén
Balkány
Apagy
Napkor
Ujszőlőskert
Csigar-h.
Mérk
Berveni
Domănești
Căpleni
Moftinu Mic
Moftinu Mare
Terebești
Sătmărel
Doba
Tiream
Ghenci
Craidorolț
Vezendiu
Mecențiu
Căuaș
Acâș
Corund
Șimian
Tarcea
Șilindru
Bagamér
Létavértes
Olosig
Roșiori
Boianu Mare
Cehal
Camăr
Viișoara
Pagaia
Becheni
Velyki Lučky
Kol'čyno
Cynadijovo
Babyči
Zahattja
Leskovoe
Hat'
Makar'ovo
Dorobratovo
Ardanovo
Kam'jans'ke
Novoe Selo
Velyki Kom'jaty
Puškino
Olešnyk
Nove Selo
Vary
Velyka Palad'
Csaholc
Fülesd
Rozsály
Bercu
Micula
Lazuri
Botiz
Odoreu
Viile Satu Mare
Gerăușa
Velyka Dobron'
Velikye Dobron'
Čierna
Král'ovský Chlmec
Veľké Kapušany
Leles
Bol
Vojany
Malčice
Lekárovce
Pavlovce n. Uhom
Budkovce
Palín
Záhor
Nemecké
Vyšné
Šišlivci
Cholmok
Mali Hejivci
Strumkivka
Seredńje
Antalovci
Bobovyšče
Verchnja Vyznycja
Tur'ja Bystra
Puznjakivci
Synjak
Holubyne
Poljana
Uh
Už
Zsurk
Semjén
Gyháza
Vyšné Nemecké
E50
E573
E81
E671
M06
P03
976
567
1017
275
107
108
191
132
160
219

ÖSTERREICH
SLOVENIJA
HRVATSKA
Kotezicken
Stegersbach
Pornóapáti
Ják
St. Michael i. Bgl.
Rudersdorf
Kukmirn
Güssing
Strem
Winten
Heiligenkreuz
Rábafüzes
Rönök
Körmend
Nagykölked
Szent György Templom
Egyházasrádóc
Sorokpolány
Csempeszkopács
Nyőgér
Rum
Kám
Alsóújlak
Vasvár
Mikosszéplak
Hosszúpereszteg
Keléd
Borgáta
Jánosháza
Szentgotthárd
Csákánydoroszló
Nádasd
Petőmihályfa
Zalabér
Türje
Tekenye
Zalaszentgrót
Zalaudvarnok
Farkasfa
Alsószölnök
Felsőszölnök
Kondorfa
Őrségi Nemzeti Park
Őrség
Szalafő
Őriszentpéter
Hodoš
Zalahásshágy
Hagyárosbörönd
Bagod
Egervár
Zalaszentiván
Pókaszepetk
Zalakoppány
Tátika
Zalaszentlászló
Zalalövő
Zala
Zalaegerszeg
Göcseji skanzen
Nagykapornak
Zalacsány
Hévíz
Gyógyfürdő
G. Petrovci
Šalovci
Mačkovci
Križevci
Bajánsenye
Kerkafalva
Dobronhegy
TV-torony
Gellénháza
Kálócfa
Göcsej
Szentgyörgyvölgy
Cseszteg
Szilvágy
Zalabaksa
Bak
Zalaapáti
Pacsa
Sármellék
Fokovci
Puconci
Mor. Toplice
Martjanci
Bogojina
Kobilje
Murska Sobota
Dobrovnik
Dobronak
Turnišče
Beltinci
Bárhely
Nova
Zalatárnok
Söjtör
Felsőrajk
Balaton
Hahót
Zalaszabar
Kilimán
Rédics
Lenti
Páka
Zalaszentbalázs
Zalaszentlászló
Kis-Balaton
Nemzeti Park
Odranci
Lendava
Lendva
V. Polana
Lovászi
Kerka
Tornyiszentmiklós
Bázakerettye
Borsfa
Magyarszentmiklós
Zalakaros
Zalakomár
Galambok
Razkrižje
Ujtomerje
Jeruzalem
Strigova
Mursko Središće
Peklenica
Csörnyeföld
Palin
Mihald
Nagykanizsa
Pleškovec
Sivica
Podturen
Becsehely
Letenye
Ormož
Središće ob Dravi
Šenkovec
Nedelišće
Domašinec
Belica
Goričan
Hodošan
Pribislavec
Tótszerdahely
Bajcsa
Miklósfa
Iharosberény
Međimurje
Čakovec
Mala Subotica
D. Kraljevec
Kotoriba
D. Vidovec
Murakeresztúr
Surd
Petrijanec
Sračinec
Brigadirsko jez.
Orehovica
Prelog
Sv. Marija
Drava
D. Dubrava
Legrad
Varaždin
Trnovec Bartolovečki
Hrženica
Ludbreg
Vrbanovec
Bednja
Zákány
Csurgó
Szenta
Beretinec
Tužno
Beletinec
Varaždinske Toplice
Đelekovec
Kuzminec
Subotica Podravska
Berzence
Ivanec
Ivanšćica
Novi Marof
Ljubešćica
Kalnik
Rasinja
Drnje
Sigetec
Gola
Zdala
Koprivnica
Apatovac
Hlebine
Vrtari
Vranilac
Breznički Hum
Sudovec
D. Glogovnica
Glogovac
Carevdar
Molve
Novigrad Podravski
Virje
Ferdinandovac
D. Konjšćina
Donji Mosti
Đurđevac
Bilo
Zaistovec
Križevci
Komin
Kapela
Remetovac
Kloštar
Sv. Ivan Zelina
Stubički
G. Tkalec
Sv. Ivan Žabno
Rovišće
V. Trojstvo
Čmec
Glogovnica
Velika reka
Donja Zelina
Kašina
Gradec
Haganj
Bjelovar
Šandrovac
Sveta Helena
Vrbovec
Ždralovi
Kabal
Gudovac
Severin
Lonjica
Dubrava
Narta
Popovec
Novaki Kr.
Dugo Selo
Lonja
Bedenik
V.Pisanica
Vanja Reka
Lupoglav
Štefanje
Ivanska
Rugvica
V.Grđevac
Česma
Kloštar Ivanić
Velika B
10 km

SZÉKESFEHÉRVÁR
Veszprém
Ajka
Tapolca
Balatonfüred
Siófok
Marcali
Kaposvár
Dombóvár
Komló
PÉCS
Szigetvár
Barcs
Virovitica
Somló
433
Noszlop
Bakonygyepes
Herend
Porcelánmúzeum
Gyulafirátót
Nádasdladány
Szabadbattyán
Devecser
Bányász-múzeum
Úrkút
Márkó
Berhida
Padragkút
Polgárdi
Káptalanfa
Római romok
Balatonfűzfő
Balatonkenese
Balaton-almádi
Csabrendek
Nyirád
Pula
Tótvázsony
Alsóörs
Balaton-Lóczy bg.
Csopak
Lepsény
Kapolcs
Nagy-vázsony
Pécsely
Balaton-felvidéki N.P.
Tavasbarlang
Mencshely
Aszófő
Tihany
Enying
Balatonudvari
Balaton-szabadi
Köveskál
Zánka
Balatonakali
Zamárdi
Ádánd
Várvölgy
Csobánc
Balatonszepezd
Szántódpuszta
Balatonföldvár
Gótikus templomrom
Révfülöp
Badacsony
437
Balatonszárszó
Ság
Mezőkomárom
Szigliget
Badacsony-tomaj
Balatonlelle
Balatonszemes
Kereki
Jabapuszta
Balaton-boglár
Látrány
Tab
Magyarkeszi
Fonyód
Alsó-vár
Kapolypuszta
Kánya
Fürged
Balaton-keresztúr
Somogytúr
Karád
Iregszemcse
Buzsák
Lengyeltóti
Andocs
Tamási
Kéthely
Tikos
Hunyadi kastély
Táska
Somogyvári Tört. Emlékhely
Széchenyi kastély
Kisbárapáti
Törökkoppány
Nagykónyi
Pári
Regöly
Somogyvár
Csömend
Puszta-kovácsi
Szakcs
Kocsola
Szőcsény-puszta
Osztopán
Igal
Mernye
Ráksi
Lápafő
Gyulaj
Mesztegnyő
Somogyfajsz
Somogyjád
Tapsony
Gölle
Kurd
Somogysárd
Hetes
Dőbrököz
Böhönye
Nagybajom
Juta
Kaposfüred
Zimány
Toponár
Nagyberki
Segesd
Kaposmérő
Gólyavár
Kapos
Mágocs
Bikal
Kutas
Romok
Szentbalázs
Kapos-szekcső
Gige
Szenna
Lipótfa
Szabás
Csököly
Skanzen
Gödre
Sásd
Kárász
Mike
Kadarkút
Bőszénfa
Tormás
Oroszló
Lábod
Kishajmás
Rinyabesenyő
Aligvár Turistaház
Kovács-szénája
Sikonda
Zselic
Somogy-hárságy
Szentlászló
680
Pécsvárad
Görgeteg
Lad
Abaliget
Orfű
Háromfa
Csokonya-visonta
Homok-szentgyörgy
Bükkösd
Castrum
Hird
Markó-csárda
Mecsek
Dómtér
Somogyapáti
Babócsa
Szulok
Nagy-dobsza
Nagy-peterd
Szentlőrinc
Pellérd
Somogy-tarnóca
Hobol
Dráva-szentes
Darány
Kétújfalu
Magyarmecske
Baksa
Szalánta
Terezino Polje
Pécsi-víz
Okor
Bušetina
Brezovica
Lakócsa
Drávafok
Páprád
Villányi-hegység
Gradina
Duna-Dráva Nemzeti Park
Sellye
Vajszló
Harkány
Siklós
Ormánság
Kémes
Suhopolje
Moslavina Podravska
Rezovac
Dráva
Borova
Pčelić
D. Miholjac
Jasenaš
Sladojevci
Viljevo
Sv. Đurađ
DRAVA
Rinya
E66
E661
M7
M60
123
D
E
F
1
2
3
4
5
6

SZÉKESFEHÉRVÁR
A
B
C
124
Gárdony
Velencei-tó
Dabas
Kiskunlacháza
Ráckeve
Nádasdladány
Szabadbattyán
Pusztaszabolcs
Adony
Seregélyes
Gorsium
Polgárdi
Dömsöd
Apaj
Kiskunsági
Nemzeti
Park
Kunszentmiklós
Perkáta
Sárosd
Soponya
Sárkeresztúr
Sárvíz
Duna
Tass
Lepsény
Kálоz
Kisláng
Dunaújváros
Szalkszentmárton
Kunadacs
Enying
Mezőfalva
Mezőföld
Dunavecse
Sárbogárd
Hatvanpuszta
Dég
Szabadszállás
Mezőkomárom
Rétszilas
Előszállás
Dunaföldvár
Solt
Fülöpszállás
Mezőszilas
Alsószentiván
Cece
Kolon-tó
Ozora
Magyarkeszi
Simontornya
Fürged
Tolnanémedi
Vajta
Németkér
Bölcske
Madocsa
Harta
Akasztó
Pincehely
Nagyszékely
Sárszentlőrinc
Dunakömlőd
Dunapataj
Paks
Nagydorog
Petőfi Sándor Múzeum
Regöly
Dunaszentbenedek
Gyönk
Kajdacs
Szakmár
Kalocsa
Dunaszentgyörgy
Kecel
Gyulaj
Kölesd
Gerjen
Öregcsertő
Hőgyész
Szedres
Fadd
Bátya
Miske
Kurd
Döbrököz
Tevel
Zomba
Tolna
Fajsz
Dusnok
Császártöltés
Hajós
Kisvejke
Tabód
Bogyiszló
Szekszárd
Sió
Nemesnádudvar
Kunfe
Bikal
Bonyhád
Keselyűs
Decs
Gemenc
Duna-Dráva Nemzeti Park
Jánoshalma
Mázaszászvár
Kárász
Hidas
Mőcsény
Várdomb
Sükösd
Érsekcsanád
Mecseknádasd
Komló
Réka-vár
Zengő 680
Pécsvárad
Véménd
Bátaszék
Baja
Csávoly
Tataháza
Bácsbokod
Bácsalmás
Hird
Szellő
Dunaszekcső
Bátmonostor
PÉCS
Himesháza
Somberek
Dunafalva
Bár
Madaras
Szederkény
Babarc
Felsőmező
Sárhát
Nagybaracska
Gara
Katymár
Ridica
Mohács
Bácsszentgyörgy
Bóly
Újpetre
Mohácsi Történeimi Emlékhely
Duna-Dráva N. P.
Herceg-szántó
Rastina
Stanišić
Aleksa Šantić
Udvar
Majs
Bački Breg
Kolut
Gakovo
Villányi-hegység
Villány
Bormúzeum
Magyarbóly
HRVATSKA
Kneževo
Batina
Bezdan
Mostonga
Svetozar Miletić
Siklós
Nagyharsány
10 km
Popovac
244
Zmajevac
Dunav
Bački Monostor
Čonoplja
Sombor
Kljajićevo
Beremend
Popovac
Beli Manastir
Petlovac
Veliki kanal
Kupusina
Baranjsko Petrovo Selo
Baranja
E73
M6
M7
M9
M60
2010
2009

Dánszent-miklós
Cegléd
Kossuth-Múzeum
Abony
Szolnok
Szajol
Törökszent-miklós
E60
Törtel
Tószeg
Rákóczifalva
Kengyel
Kétpó
Kőröstetétlen
Jász-karajenő
Kőrös-ér
Gerje
Lajosmizse
Nagykőrös
Tiszajenő
Martfű
Kocsér
Tiszabög
Tiszaföldvár
Mezőhék
Kerek-egyháza
Hetény-egyháza
KECSKEMÉT
Tiszakécske
Cibak-háza
Öcsöd
Arborétum
Szarvas
Fülöpháza
Lakitelek
Tiszakürt
Cserkeszőlő
Kunszent-márton
Nyárlőrinc
Tiszaalpár
Csépa
Szelevény
Körös-Maros N.P.
Cserebökény
Jakabszállás
Orgovány
Fülöpjakab
Kiskunfélegyháza
Szélmalom
Bokros
Tisza
Körös
Csongrád
Kajánújfalu
Fábiánsebe
Gátér
Bugac
Pálmonostora
Szentes
Szélmalom
Tömörkény
Csanytelek
Bócsa
Szank
Jászszentlászló
Szegvár
Kiskunmajsa
Ópusztaszer
Történeti-Emlékpark
Mindszent
Mártély
Körös-Maros N.P.
Csipkemúzeum
Kistelek
Balástya
Hódmező-vásárhely
Tornyai János Múzeum
Zsana
Sándor-falva
Szikáncs
Forráskút
Szatymaz
Batida
Üllés
Bordány
Algyő
Balota
Ruzsa
SZEGED
Zákányszék
Maroslele
Deszk
Klárafalva
Makó
E68
Mórahalom
Tompa
Kübekháza
Kiszombor
Kelebija
SUBOTICA
Palić
Horgoš
Đala
Krstur
Cherestur
Beba Veche
Cheglevici
Martonoš
Palićko jez.
Ludoško jez.
M. Pijace
Kanjiža
Banatsko Aranđelovo
ROMÂNIA
Dudeştii Vechi
Tavankut
Mala Bosna
Novi Kneževac
Vălcani
E662
Bikovo
Crna Bara
Mokrin
Muzeu
Bajmok
Žednik
Orom
Senćanski Trešnjevac
Senta
Čoka
Novi-Stari
Đurđin
Čantavir
G. Breg
Zlatica
Pačir
Stara Moravica
Bačka
Ostojićevo
Tornjoš
SRBIJA
Sokolac
Novo Drahovo
Padej
Kikinda
Utrine
Bačka Topola
Ada
Iđoš
Bajša
Krivaja
Mol
Bočar
Gunaroš
Bačko
Novo
E75
M5
M43

A
B
C
126
Szolnok
Törökszentmiklós
Kunhegyes
Karcag
Kisújszállás
Mezőtúr
Szarvas
Gyomaendrőd
Kunszentmárton
Csongrád
Szentes
Orosháza
Hódmezővásárhely
SZEGED
Makó
Nagylak
Nădlac
Sânnicolau Mare (Grossanktnikolaus)
Kanjiža
Nagykunság
Tisza
Körös
Maros
Körös-Maros Nemzeti Park
Nemzeti Park
Szélmalom
Badár-Múzeum
Arborétum
Szántó Kovács János Múzeum
Tornyai János Múzeum
Történeti Emlékpark
Câmpia Mureș
SRBIJA
10 km
E60
E68
M43

D
E
F
127
Nádudvar
Hajdúszovát
Sáránd
Hosszúpályi
Létavértes
Bagamér
Șilindru
Kaba
Derecske
Püspökladány
Báránd
Földes
Sárrétudvari
Pocsaj
Hencida
Berettyóújfalu
Berettyószentmárton
Nagyrábé
Nagykereki
Biharkeresztes
Füzesgyarmat
Darvas
Furta
Csökmő
Komádi
Körösszegapáti
Sebes-Körös
Biharugrai-halastavak
Körös-Maros N. P.
Vésztő
Okány
Zsadány
Begécsi-víztároló
Tarhos
Békés
Doboz
Sarkad
Sarkadkeresztúr
Békéscsaba
Gyula
Elek
Lőkösháza
Săcueni
Olosig
Diosig
Chișlaz
Roșiori
Barcău
Săldab
Sălard
Ciuhoi
Spinuș
Sârbi
Biharia
Santăul Mare
Cetariu
Borș
ORADEA (GROSSWARDEIN)
Ineu
Tileagd
Oșorhei
Săcădat
Tărian
Sântandrei
Cheresig
Livada de Bihor
Crișul Repede
Sânmartin
Nojorid
Băile Felix
Copăcel
Hidișelu de Sus
Leș
Ateaș
Cefa
L. Cefa
Inand
Miersig
Lăzăreni
Drăgești
Ceica
Mădăraș
Homorog
Ianoșda
Salonta
Tulca
Husasău de Tinca
Râpa
Holod
Tinca
Cociuba Mare
Copăcen
Rădăgani
Arpășel
Ciumeghiu
Belfir
Petid
Batăr
Uileacu de Beiuș
Olcea
Șoimi
Călacea
Crișul Negru
Canal Colector
Avram Iancu
Tămașda
Vânători
Berechiu
Ciuntești
Zerind
Apateu
Mișca
Craiva
Munții Codru-Moma
Vărșand
Pilu
Șepreuș
Cermei
Botfei
Pleșul
Hășmaș
Grăniceri
Socodor
Sintea Mare
Teuz
Beliu
Archiș
Chișineu-Criș
Chereluș
Gurba
Cărand
Fața Dealului
Cintei
Crișul Alb
Sicula
Ineu
Bocsig
Ignești
Dezna
Sânmartin
Șimand
Zărand
Seleuș
Bârsa
Sebiș
Macea
Canalul Morilor
Olari
Caporal Alexa
Curtici
Sântana
Pâncota
Cigher
Șilindia
Cuied
Buteni
Iratoșu
Variașu Mic
Șofronea
Matca
Târnova
Taut
Chisindia
Almaș
Zimandu Nou
Mâsca
Agrișu Mare
Șiria
Aranéag
L. Tauț
Păiușeni
ROMÂNIA
Livada
Căsoaia
Highiș
Nadăș
ARAD
Covăsinț
Rugaciu
Piatra Păcurari
Drocea
Munții Zărandului
Cioaca Burdiz
Ghioroc
Zădăreni
Vladimirescu
Cet. Șoimoș
Conop
Bârzava
Slatina de Mureș
Bodrogu Nou
Fântânele
Frumușeni
Păuliș
Dumbrăvița
Mureș
Mureșului
Tisa Nouă
Radna
Lipova
Căpruța
Zăbrani
Cruceni
Chelmac
Șagu
Alioș
Neudorf
Dorgoș
Vinga
Firiteaz
Zăbalț
Vărădia de Mureș
Bata
Șiștarovăț
Mașloc
Bogda
Pătârș
Tela
E573
E60
E79
E671
E68
2010
2012

KARTENLEGENDE

18 26	Autobahn mit Anschlussstellen Motorway with junctions
	Autobahn in Bau Motorway under construction
	Mautstelle Toll station
	Raststätte mit Übernachtung Roadside restaurant and hotel
	Raststätte Roadside restaurant
	Tankstelle Filling-station
	Autobahnähnliche Schnellstraße mit Anschlussstelle Dual carriage-way with motorway characteristics with junction
	Fernverkehrsstraße Trunk road
	Durchgangsstraße Thoroughfare
	Wichtige Hauptstraße Important main road
	Hauptstraße Main road
	Nebenstraße Secondary road
	Eisenbahn Railway
	Autozug-Terminal Car-loading terminal
	Zahnradbahn Mountain railway
	Kabinenschwebebahn Aerial cableway
	Eisenbahnfähre Railway ferry
	Autofähre Car ferry
	Schifffahrtslinie Shipping route
	Landschaftlich besonders schöne Strecke Route with beautiful scenery
Alleenstr.	Touristenstraße Tourist route
XI-V	Wintersperre Closure in winter
	Straße für Kfz gesperrt Road closed to motor traffic
8%	Bedeutende Steigungen Important gradients
	Für Wohnwagen nicht empfehlenswert Not recommended for caravans
	Für Wohnwagen gesperrt Closed for caravans

Wartenstein *Umbalfälle*	Sehenswert: Kultur - Natur Of interest: culture - nature
	Badestrand Bathing beach
	Besonders schöner Ausblick Important panoramic view
	Ausflüge & Touren Excursions & tours
	Nationalpark, Naturpark National park, nature park
	Sperrgebiet Prohibited area
	Kirche Church
	Kloster Monastery
	Schloss, Burg Palace, castle
	Moschee Mosque
	Ruinen Ruins
	Leuchtturm Lighthouse
	Turm Tower
	Höhle Cave
	Ausgrabungsstätte Archaeological excavation
	Jugendherberge Youth hostel
	Allein stehendes Hotel Isolated hotel
	Berghütte Refuge
	Campingplatz Camping site
	Flughafen Airport
	Regionalflughafen Regional airport
	Flugplatz Airfield
	Staatsgrenze National boundary
	Verwaltungsgrenze Administrative boundary
	Grenzkontrollstelle Check-point
	Grenzkontrollstelle mit Beschränkung Check-point with restrictions
PARIS	Hauptstadt Capital
MARSEILLE	Verwaltungssitz Seat of the administration

Weinlandschaft im Mecsek-Gebirge

REGISTER

Das Register enthält alle in diesem Reiseführer erwähnten Orte und Ausflugsziele. Halbfette Seitenzahlen verweisen auf den Haupteintrag, kursive auf ein Foto.

> SCHREIBEN SIE UNS!

Liebe Leserin, lieber Leser,

wir setzen alles daran, Ihnen möglichst aktuelle Informationen mit auf die Reise zu geben. Dennoch schleichen sich manchmal Fehler ein – trotz gründlicher Recherche unserer Autoren/innen. Sie haben sicherlich Verständnis, dass der Verlag dafür keine Haftung übernehmen kann.

Wir freuen uns aber, wenn Sie uns schreiben.

Senden Sie Ihre Post an die
MARCO POLO Redaktion,
MAIRDUMONT, Postfach 31 51,
73751 Ostfildern,
info@marcopolo.de

IMPRESSUM

Titelbild: Puszta, Pferdeherde (Huber: Schmid)
Fotos: A38 Hajó: Benedek Vasák (14 u.); ANH TUAN: Tamás Prikkel Réthey (12 u.); Aural Müvészeti Vállalkozás: Viktor Gönczö (13 u.); Budapest Spas Cco.Ltd.: Jósef Tóth (101 M. r.); Cserfő JazzLand Közhasznú Alapítvány (14 o.); djuice (13 o.); Erin Klub Galéria: Szilágyi Marta (100 M. l.); Feldhoff & Martin (74); © fotolia.com: Brebca (100 M. r.), daniel budiman (15 u.), Evgeniy Chechelnitsky (101 u. r.), Holger Gursky (100 o. l.), Nina Hoff (15 o.), JanJar (101 o. l.), Torsten Schon (101 M. l.); R. Freyer (19, 21, 22/23, 24/25, 26, 27, 28, 29, 30/31, 32, 35, 37, 40, 46, 62, 67, 82, 84, 85, 88, 94, 96/97, 120/121); J. Gläser (69); R. Hackenberg (2 r., 4 r., 56); HB Verlag: Freyer (51), Hilbich (3 r., 4 l., 90); Huber: Giovanni Simeone (5, 49), Schmid (1, 78, 135); F. Ihlow (3 M.); © iStockphoto.com: Doctor_bass (15 M.); K. Kallabis (U. M.); T. Kliem (11, 54/55, 58, 60/61, 71, 105); C. Lachenmaier (U. l., 3 l., 8/9, 28/29, 72/73, 77, 80, 99, 102/103); Náncsi Néni (100 u. r.); Enikö Roszjár (12 o.); Silvestris: Stadler (53); H. Skupy (2 l., 22); O. Stadler (45); T. Stankiewicz (U. r., 6/7, 16/17, 23, 38, 43, 86/87, 92, 106/107, 108, 111); R. Stiens (139); E. Wrba (64)

4. (11.), aktualisierte Auflage 2008

Verlegerin: Stephanie Mair-Huydts; Chefredaktion: Michaela Lienemann, Marion Zorn
Autorin: Rita Stiens; Redaktion: Corinna Walkenhorst
Programmbetreuung: Cornelia Bernhart, Jens Bey; Bildredaktion: Barbara Schmid, Gabriele Forst
Szene/24h: wunder media, München; Kartografie Reiseatlas: © MAIRDUMONT, Ostfildern
Innengestaltung: Zum goldenen Hirschen, Hamburg; Titel/S. 1–3: Factor Product, München
Sprachführer: in Zusammenarbeit mit Ernst Klett Sprachen GmbH, Stuttgart, Redaktion PONS Wörterbücher

Printed in Germany. Gedruckt auf 100% chlorfrei gebleichtem Papier

FÜR IHRE NÄCHSTE REISE

gibt es folgende MARCO POLO Titel:

DEUTSCHLAND
Allgäu
Amrum/Föhr
Bayerischer Wald
Berlin
Bodensee
Chiemgau/Berchtesgadener Land
Dresden/Sächsische Schweiz
Düsseldorf
Eifel
Erzgebirge/Vogtland
Franken
Frankfurt
Hamburg
Harz
Heidelberg
Köln
Lausitz/Spreewald/Zittauer Gebirge
Leipzig
Lüneburger Heide/Wendland
Mark Brandenburg
Mecklenburgische Seenplatte
Mosel
München
Nordseeküste Schleswig-Holstein
Oberbayern
Ostfriesische Inseln
Ostfriesland/Nordseeküste Niedersachsen/Helgoland
Ostseeküste Mecklenburg-Vorpommern
Ostseeküste Schleswig-Holstein
Pfalz
Potsdam
Rheingau/Wiesbaden
Rügen/Hiddensee/Stralsund
Ruhrgebiet
Schwäbische Alb
Schwarzwald
Stuttgart
Sylt
Thüringen
Usedom
Weimar

ÖSTERREICH | SCHWEIZ
Berner Oberland/Bern
Kärnten
Österreich
Salzburger Land
Schweiz
Tessin
Tirol
Wien
Zürich

FRANKREICH
Bretagne
Burgund
Côte d'Azur/Monaco
Elsass
Frankreich
Französische Atlantikküste
Korsika
Languedoc-Roussillon
Loire-Tal
Normandie
Paris
Provence

ITALIEN | MALTA
Apulien
Capri
Dolomiten
Elba/Toskanischer Archipel
Emilia-Romagna
Florenz
Gardasee
Golf von Neapel
Ischia
Italien
Italienische Adria
Italien Nord
Italien Süd
Kalabrien
Ligurien/Cinque Terre
Mailand/Lombardei
Malta/Gozo
Oberital. Seen
Piemont/Turin
Rom
Sardinien
Sizilien/Liparische Inseln
Südtirol
Toskana
Umbrien
Venedig
Venetien/Friaul

SPANIEN | PORTUGAL
Algarve
Andalusien
Barcelona
Baskenland/Bilbao
Costa Blanca
Costa Brava
Costa del Sol/Granada
Fuerteventura
Gran Canaria
Ibiza/Formentera
Jakobsweg/Spanien
La Gomera/El Hierro
Lanzarote
La Palma
Lissabon
Madeira
Madrid
Mallorca
Menorca
Portugal
Spanien
Teneriffa

NORDEUROPA
Bornholm
Dänemark
Finnland
Island
Kopenhagen
Norwegen
Schweden
Südschweden/Stockholm

WESTEUROPA | BENELUX
Amsterdam
Brüssel
Dublin
England
Flandern
Irland
Kanalinseln
London
Luxemburg
Niederlande
Niederländische Küste
Schottland
Südengland

OSTEUROPA
Baltikum
Budapest
Estland
Kaliningrader Gebiet
Lettland
Litauen/Kurische Nehrung
Masurische Seen
Moskau
Plattensee
Polen
Polnische Ostseeküste/Danzig
Prag
Riesengebirge
Russland
Slowakei
St. Petersburg
Tschechien
Ungarn
Warschau

SÜDOSTEUROPA
Bulgarien
Bulgarische Schwarzmeerküste
Kroatische Küste/Dalmatien
Kroatische Küste/Istrien/Kvarner
Montenegro
Rumänien
Slowenien

GRIECHENLAND | TÜRKEI | ZYPERN
Athen
Chalkidiki
Griechenland Festland
Griechische Inseln/Ägäis
Istanbul
Korfu
Kos
Kreta
Peloponnes
Rhodos
Samos
Santorin
Türkei
Türkische Südküste
Türkische Westküste
Zakinthos
Zypern

NORDAMERIKA
Alaska
Chicago und die Großen Seen
Florida
Hawaii
Kalifornien
Kanada
Kanada Ost
Kanada West
Las Vegas
Los Angeles
New York
San Francisco
USA
USA Neuengland/Long Island
USA Ost
USA Südstaaten/New Orleans
USA Südwest
USA West
Washington D.C.

MITTEL- UND SÜDAMERIKA
Argentinien
Brasilien
Chile
Costa Rica
Dominikanische Republik
Jamaika
Karibik/Große Antillen
Karibik/Kleine Antillen
Kuba
Mexiko
Peru/Bolivien
Venezuela
Yucatán

AFRIKA | VORDERER ORIENT
Ägypten
Djerba/Südtunesien
Dubai/Vereinigte Arabische Emirate
Israel
Jerusalem
Jordanien
Kapstadt/Wine Lands/Garden Route
Kenia
Marokko
Namibia
Qatar/Bahrain/Kuwait
Rotes Meer/Sinai
Südafrika
Tunesien

ASIEN
Bali/Lombok
Bangkok
China
Hongkong/Macau
Indien
Japan
Ko Samui/Ko Phangan
Malaysia
Nepal
Peking
Philippinen
Phuket
Rajasthan
Shanghai
Singapur
Sri Lanka
Thailand
Tokio
Vietnam

INDISCHER OZEAN | PAZIFIK
Australien
Malediven
Mauritius
Neuseeland
Seychellen
Südsee

> UNSERE AUTORIN

Ein Interview mit MARCO POLO Insiderin Rita Stiens

Rita Stiens arbeitete viele Jahre als Journalistin. Seit 1997 Buchautorin, pendelt sie zwischen ihren Wohnorten in Deutschland und Ungarn.

Sie sind seit 1999 regelmäßig in Ungarn. Wie ist es dazu gekommen?

Nach Ungarn bin ich durch den Kauf eines Ferienhauses gekommen, das inzwischen zur zweiten Heimat geworden ist. Das hügelige Dorf südlich der Balaton-Stadt Siófok hat nicht einmal eine Durchgangsstraße – dadurch ist wenig Verkehr und rundum viel Natur.

Wie geht es Ihnen in Ungarn?

Von Budapest einmal abgesehen, gibt es viel Höflichkeit und Rücksicht – und privat viel Gastfreundschaft, Herzlichkeit und Hilfsbereitschaft. Außerdem leben Ungarn nach dem Motto „Leben und leben lassen". Das hat auch ein paar Nachteile, aber entschieden mehr Vorteile als ein Leben, bei dem ständig auf Paragraphen gepocht wird. Nachbarschaftsstreit wegen aller möglichen Kleinigkeiten gibt es so gut wie gar nicht.

Sprechen Sie Ungarisch?

Ich habe mich für sprachbegabt gehalten, aber Ungarn hat mich eines Besseren belehrt: Zur ungarischen Sprache habe ich noch immer keinen wirklichen Zugang gefunden.

Was machen Sie beruflich in Ungarn?

Ich verbringe zwar viel Zeit in Ungarn, lebe aber beruflich nicht von und in Ungarn. Ich schreibe Sachbücher, die in mehreren europäischen Ländern erscheinen. Das Schöne an dieser Arbeit: Ich kann überall arbeiten und mit der Welt kommunizeren.

Kommen Sie viel in Ungarn herum?

Ja. Und es gibt viel zu erleben und zu tun. Da auf so manches, das in Ungarn gesagt und geschrieben wird, wenig Verlass ist, muss man selber schauen und prüfen, was sich getan hat. Ich habe viele Jahre als Journalistin gearbeitet und war ständig in der Welt unterwegs. Neugier war die Triebfeder, und das ist sie noch heute. Andere Kulturen, andere Mentalitäten – sich dem zu stellen, bringt mir auch persönlich viel. Wenn ich für MARCO POLO unterwegs bin, kann ich genau das ausleben.

Was tun Sie in Ihrer Freizeit?

Es fällt mir schwer, zwischen Arbeit und Freizeit zu trennen. Zum Hobby ist mein großer Garten geworden – ihn in Ordnung zu halten kostet sehr viel Zeit.

Mögen Sie die ungarische Küche?

Ich mag die klassischen geselligen Essen mit Ungarn, wie bei unserem Dorffest. Da wird immer ein Kochwettbewerb veranstaltet, und die Männer überbieten sich beim Kochen leckerer Gerichte in großen Kesseln über dem offenen Feuer.

> BLOSS NICHT!

Ein paar Vorsichtsmaßregeln, die Sie beachten sollten

Auf der Straße Geld wechseln

Zum einen können Sie sich Falschgeld einhandeln, zum anderen sind einige Händler geschickte Trickbetrüger: Man zählt dem Kunden die Scheine vor – aber der bekommt dann nicht das vorgezählte Geldbündel, sondern ein anderes mit weniger Scheinen.

Die Polizei provozieren

Wer bei der Polizei auffällig wird, sollte eine erste Warnung der Beamten ernst nehmen. Kommt zum ersten ein zweiter Vorfall hinzu, findet sich der Straftäter schnell hinter Gittern wieder. Die Ordnungshüter greifen meistens fair, aber eben sehr konsequent durch.

Das Auto unbewacht abstellen

Autodiebstahl ist in Budapest, aber auch in anderen Orten an der Tagesordnung. Gestohlen werden teure neue Autos, aber auch ältere. Stellen Sie ein Fahrzeug darum nur auf einem bewachten Parkplatz oder nachts in der Hotelgarage ab.

Auf Abrechnungstricks hereinfallen

Achten Sie bei Taxifahrten stets darauf, dass der Taxameter eingeschaltet ist. Bei Fahrten zu Zielen außerhalb des Ortes wird oft auch die Rückfahrt berechnet. Doch mancher Fahrer hat seine eigenen Vorstellungen davon, wo sich die Ortsgrenze befindet. Darum klären Sie schon vor der Abfahrt, welcher Preis zu zahlen ist. Im Restaurant rechnen Sie lieber nach, ob der Gesamtbetrag stimmt, wenn die Rechnung nicht maschinell erstellt wurde. Und kontrollieren Sie auch, ob das Rückgeld korrekt herausgegeben wird. Am besten lassen Sie die Geldscheine auf dem Tisch liegen, bis der Kellner das Wechselgeld ausgezahlt hat.

Jeden Preis akzeptieren

Achtung beim Kauf von Souvenirs: Die Händler auf den Märkten haben einen „Riecher" für Nichtungarn. Und nennen flugs einen zumeist weit überhöhten Preis für die Tischdecke oder die Lederjacke. Nur wer hartnäckig handelt, erzielt am Ende einen fairen Preis.

Taschendieben das Handwerk erleichtern

Taschendiebstähle sind an belebten Plätzen wie an Bahnhöfen leider keine Seltenheit. Es wird empfohlen, Geld, Kreditkarten und Dokumente sicher, am besten in einem Brustbeutel, unterzubringen. Lassen Sie Ihre Wertsachen im Hotelsafe aufbewahren.

Ohne Preiskontrolle bestellen

Es kommt leider häufiger vor, dass Kellner, vor allem bei Weinen, sehr teure Empfehlungen geben. Bestellen Sie darum grundsätzlich nichts, ohne in der Karte nachgeschaut zu haben, was der empfohlene Wein oder das empfohlene Gericht kostet.